会说话才是真本事　懂技巧才能真受益

说话不仅是为了表达自我，而是把话说到对方心里去。

卡耐基魅力口才与说话技巧

（美）戴尔·卡耐基 著
翟文明 编译

吉林出版集团股份有限公司

图书在版编目（CIP）数据

卡耐基魅力口才与说话技巧 /（美）戴尔·卡耐基著；翟文明编译 . -- 长春：吉林出版集团股份有限公司，2019.1

ISBN 978-7-5581-6218-3

Ⅰ . ①卡… Ⅱ . ①戴… ②翟… Ⅲ . ①口才学－通俗读物 Ⅳ . ① H019-49

中国版本图书馆 CIP 数据核字（2019）第 008897 号

KANAIJI MEILI KOUCAI YU SHUO HUA JIQIAO
卡耐基魅力口才与说话技巧

著　　者：（美）戴尔·卡耐基
编　　译：翟文明
出版策划：孙　昶
项目统筹：郝秋月
责任编辑：刘晓敏
装帧设计：韩立强
出　　版：吉林出版集团股份有限公司
（长春市福祉大路 5788 号，邮政编码：130118）
发　　行：吉林出版集团译文图书经营有限公司
（http: //shop34896900.taobao.com）
电　　话：总编办 0431-81629909　营销部 0431-81629880 / 81629900
印　　刷：天津海德伟业印务有限公司
开　　本：880mm × 1230mm　1 /32
印　　张：6
字　　数：134 千字
版　　次：2019 年 1 月第 1 版
印　　次：2019 年 7 月第 2 次印刷
书　　号：ISBN 978-7-5581-6218-3
定　　价：32.00 元

印装错误请与承印厂联系　电话：022-82638777

前言

preface

我们身边的每一项活动都少不了沟通，而在沟通的过程中需要通过言谈来显示自己与众不同的个性。假如我们因为紧张、胆怯或语无伦次而影响自己的思想表达，那么，我们的人格、个性和魅力也将被遮挡、掩盖。

如何才能在一大群人面前当众起立，头头是道地表达自己的想法呢？自信和勇气是必需的，但光有这两样还不够，我们还要勤于学习、加强语言训练。

通常来说，有两个重要因素引导着人们走向成功：一是专业技能方面的努力提升，二是说话能力方面的不断突破。遗憾的是，大部分人只注重其中的一点。我们不能不说许多人非常努力，却没有意识到口才的重要性，因此，他们没能获得成功。

不管一个人在哪个行业，从事什么职业；也不管在生活中，还是在工作中，口才都是极其重要的。提高自己的口才与说话能力，对于达成合作、获得工作机会很重要。

我们在说话时，需要明确这么一个说话的目的：社交语言要简洁、精练，并尽可能地承载更多和更有用的信息，这样才能使你的说话节奏明快，让人觉得你果断、直接。如果空话连篇、言之无物，节奏必然拖沓，会让人对你所说的话产生怀疑。

因此，要使你的语言简短、精练，说话就要干脆果断，不拖泥带水，同时还要培养分析问题的能力，学会透过表面现象抓住事物的本质特征，并善于综合概括。在这个基础上形成的交流语言，才能准确、精辟，有力度，有魅力。

本书从口才和说话技能入手，将语言表达与人性有机地结合在一起，通过本书的强化训练，可以强化你的勇气、自信和热情，帮你突破语言障碍，提高你的人际交往能力。

本书的内容包括培养魅力口才的基本技巧、成为说话高手的几种方式、培养社交口才的方法等内容，同时详细地介绍了克服恐惧、树立自信的方法，可以促使人们努力向前、挑战自我，进而追求人生理想、坚定实现自我价值的信念。

对于那些渴望提高自己的说话艺术，在宴会、演讲台、谈判桌或者辩论会上——实际上包括一切需要说话的地方和场合——展现风采的人们而言，这是一本最合适的书。正像卡耐基在鼓励口才训练班的学员时所说的那样："它能够使你把说话变成一种快乐。"

目录

CONTENTS

第七章 如何展开一场高效谈判

第八章 提高有效沟通的能力

第九章 学会更好地说服他人

第一章

培养魅力口才的基本技巧

克服人性中的弱点

在潜意识里拒绝与人交流或者害怕当众说话，并不是某一个人独有的心理，大多数人都是这样，只不过程度不同而已。除了训练班的成员，我也对大学生进行过调查，80% 至 90% 的学生都产生过不敢当众说话的恐惧感和与人交流的畏难情绪。

20 世纪初，心理学家和哲学家断言：普通人只用了全部潜力的极小一部分，与我们应该成为的人相比，我们只苏醒了一半；我们的热情受到打击，我们的蓝图没有展开，我们只运用了我们头脑和身体资源中的极小一部分。这是什么原因造成的？其实就是人的恐惧心理。人的恐惧心理是很可怕的，所以，我常对我的学员说："你要假设听众都欠你的钱，正要求你多宽限几天；你是神气的债主，根本不用怕他们。"其实，某种程度的恐惧感对人的交流是有益的，因为人类天生就具有一种应付环境中不寻常挑战的能力。当你注意到自己的脉搏和呼吸加快时，千万不要过于紧张，而要保持冷静。因为你的身体一向 8 外来的刺激保持着警觉，这种警觉表明它已准备采取行动，以应付环境的挑战。假使这种心理上的准备是在某种限度之下进行的，当事者会因此而想得更快、说得更流畅，并且一般来说，还会比在普通状况下说得更为精辟。

我告诉你们一个称密：即使是职业演说者，也从来不会完全克服登台的恐提，他们在开始演讲时也几乎总是会或多或少地有些怯意，并且这种怯意在开头的几句话里就会表现出来，只不过他们能很快地克服这种怯意，进人鎮定的状态。开始的时候我也差不多是这样。

有几点我有必要重复一下。

(1) 你害怕当众说活、拒绝与人交流并不是特例。

(2) 某种程度的交流恐惧感反而有用，我们天生就有能力应村环境中不寻常的挑战。

(3) 许多职业的演说家从来都没有完全消除登台的恐惧感。

所以，你大可不必胆小地躲在自己给自己设定的框框里，你应该采取热诚主动的态度去与人交往。否则，恐想将一发不可收拾，它不但会造成你内心的紧张、言辞的不畅、肌肉的过度痉挛，还会严重降低你说话的效力。

有效克服交流恐惧

⊙任何时候都不要让“冰霜”结在脸上，不如干脆把“冰霜”融化掉，方法是说些有趣的事。

⊙不论在何种社交场合，幽默都会帮助你打开与人沟通的大门。

⊙培养乐观的人生态度和坚强的意志，用勇敢顽强的精神激励自己。

⊙通过学习提高对事物的认知能力，扩大认知视野，正确判定恐惧源。

⊙医学家说："知识是医治恐惧的良药。"这很有道理。如果对可能发生的各种变故都做好了充分的思想准备，就会提高心理承受能力，使恐惧难鞋以侵入。

⊙积极加强有针对性的心理训练，以有效克服紧张和不安等不良情绪，提高心理适应能力和平衡性，增强信心和勇气，以无畏的精神克服恐惧心理。

借别人的经验提升自己的勇气

你也许会说："我也知道自己需要鼓起勇气，但是当我想要开口说话的时候，这好像并不容易做到。"你说的问题是大部分人在说话时都会碰到的问题。那么，让我们谈一谈关于如何鼓起勇气的话题。

顾立区公司董事长顾立区先生有一天来到我的办公室。他对我说道："我这一生每逢要说话时，没有一次不是非常恐惧的。但是身为董事长，我不能不主持会议。虽然与董事们都相识多年，但是一旦要站起来说话，我就一个字都讲不出来。这种情形已经有好多年了，我的毛病太严重了。卡耐基先生，我很难相信你能帮我克服这一毛病。"

"既然如此，你为什么还来找我呢？"我问他。

"这是因为发生了一件这样的事情。"顾立区先生回答道，"我的一个会计师，原来是个害羞的家伙。他走进自己的办公室之前，必须要穿过我的办公室。以前他都是看着地板，一个字也不说，蹑手蹑脚地走过我的办公室。不过最近，这种情况发生了改变。现在他总是下颌抬起，眼里闪着光亮，而且还主动和我打招呼，这令我十分惊讶。我问他：‘是谁使你改变的？’他告诉我说：‘卡耐基先生。’因为这件事情让我难以置信，所以我还是来找你了。”

“如果你希望跟这位会计师一样有所改变，”我对他说，“你可以定期上课。”

“你要是真能使我开口说话而不再恐惧，”顾立区先生说，“那我可就要成为最快乐的人了。”

顾立区先生果然来参加我们的训练了。事实上，他进步神速。三个月之后的一天，我请他参加在阿斯特饭店舞厅举行的3000人聚会，并邀请他向客人们谈谈参加卡耐基口才训练班的感受。他很抱歉地说他不能来，因为他已经安排了一个重要的约会。但是，第二天，他又打电话给我说：“卡耐基先生，我把约会取消了。我一定要来参加这个聚会，因为这是我欠你的。我要告诉人们卡耐基口才训练班给我带来的好处，它真的使我变成了这个世界上最快乐的人。我希望以自己的故事来激励人们，让他们彻底消除损害他们生命的恐惧。”

在聚会上，顾立区先生对着3000人侃侃而谈，足足说了十多分钟，而我本来只要求他说两分钟。当听众们被他的精彩演说所打动的时候，有谁会想到他原来一说话就会极为恐惧呢？

如果你希望像顾立区先生那样，你也可以在短期内掌握这门艺术。事实上，正如顾立区先生在讲话中想要告诉人们的那样，你完全可以从他的经历中认识到：说话并不是一件很难的事情。也就是说，你可以借用他的经历来鼓起自己的勇气。在你因为恐惧而无法开口说话的时候，你都可以这么想：既然顾立区先生可以做到，我也一定能够做到。

在我们与那些重要人物进行交谈、进行商业谈判时，甚至只是在平常与人的交谈中，如果感到很害羞，你都可以借用别人的经验来鼓起自己的勇气。在不同的时候，你可以想到相应的故事，以达到鼓起自己勇气的目的。

我曾经对那些说话高手进行过调查，结果发现几乎所有的人都存在过害羞的心理，即使是现在——正如我前面所说——当他们发表意见、进行谈判或说服别人的时候，也还是没有完全消除紧张的心理。在交际场上游刃有余地活动的钢铁大王安德鲁·卡内基常常对人说："虽然我天性很害羞，但是我却努力让自己成为一个说话高手。"

我希望你有机会去我家，我将为你展示我收到的来自世界各地的感谢信。写信的人有的是企业界的领袖，有的是州长、国会议员、大学校长和娱乐圈的明星，更多的则是企业中的主管人员、工人、工会成员、大学生、家庭主妇、牧师等，他们都是一些默默无闻的普通人。他们的共同点是：都觉得自己需要表达自己的观点、与人沟通，以让别人了解和接纳自己，但是却缺乏足够的勇气。也就是说，他们一开始都不善言辞。正是因为取得了一定的成绩并实现了自己的目标，所以他们才心怀感激，特意给我写信表示感谢。

因此，当你需要鼓起勇气在酒会上讲话或跟你的客户谈判的时候——实际上，在一切需要你展现口才的时候——你可以借别人的经验来激励自己。在你感到胆怯的时候，问一问自己：“既然他们都取得了成功，我为什么不能呢？”

用别人的故事激励自己

⊙熟悉一些说话高手的成功历程，对比自己的优缺点。

⊙你可以选择一个让你印象深刻，或者跟你一开始的情形差不多，但是后来却成功了的人的故事来激励自己。你应该想到，每个人都是从胆怯开始的。当你感到恐惧时，想一想别人已经成功应对过这种恐惧了。

⊙了解别人克服恐惧的方法，如心理暗示法、肌肉训练法、深呼吸法等，有意识地加以训练。

⊙干脆把自己想象成别人，把自己的恐惧想象成别人的一段经历，而他最后成功了。

明确并记住自己的目标

前文中提到的顾立区先生说，是卡耐基训练班使他说话时不再感到恐惧，使他能够在3000人面前侃侃而谈，使他成了“这个世界上最快乐的人”——让说话成为一种快乐，这正是卡耐基训练班的创办目的。而我认为，这个目的远比其他目的更为重要。顾立区先生之所以参加卡耐基训练班，之所以努力地做卡耐基训练班分派的功课，正是因为他已经预见到了说话的成功会给他带来乐趣。顾立区先生让自己投入未来的理想中，然后努力使自己梦想成真。如我们所看到的那样，最后他成功了。

有一个卡耐基训练班的毕业生说：“开始说话的时候，我宁愿挨鞭子也不愿开口；但是临结束时，我却即便挨枪子儿也不愿停下来了。”几乎每一个人都渴望获得进行成功交谈的能力，想要体验这种“不愿停下来”的美妙感觉。

钢铁大王卡内基死后，人们在他的遗物中发现了他32岁时所拟的计划。他当时准备退休后到牛津大学接受完整的教育，并“特别注意于公开演说的学习”。

那么，人们为什么要致力于提高自己的说话能力呢？也就是说，究竟说话的成功对人们有什么重要的意义呢？我们不妨想象一下：面对多到难以计数的听众，自信满满地走上讲台，面对开场后的鸦雀无声，感觉一下听众被你的深入浅出、幽默诙谐的演说所深深吸引时的那种全神贯注，体会一下听众对你报以经久不息的雷鸣般掌声时的成就感，然后你带着微笑接受大家对你的赞赏……

当然，提高自己的说话能力的好处，并不只是可以让你在正式场合发表成功的演说。继续想象一下：依靠你的口才，通过与对方的机智谈判，你赢得了一笔数额巨大的业务；依靠幽默和富有魅力的口才，你赢得了心爱的女孩的欢心，并且与她共同迈进了婚姻的殿堂；依靠极具说服力的口才，你使一个国家停止了对另一个国家使用武力，使亿万人民避免了战争的灾难，你受到了人们的尊敬……还有什么比这更加吸引人的呢？

许多来上口才训练班的学员，都是因为在社交过程中感到胆怯和拘束，其中有政界要员、明星，也有普通人。他们以前多半是这样一种情形：当站起来说话的时候，他们会感到手足无措；需要在数量众多的人们——即使是熟识的人——面前说话时，他们会连一句完整的话都说不出来。在这样的情形下，他们感觉自己好像不再是自己了，因为他们完全控制不了自己。

可是在完成训练班的课程之后，他们的改变令他们自己都刮目相看。他们发现，让自己说话再也不那么困难了。他们都觉得自己以前的害羞和拘束其实很幼稚、很可笑。当然，他们在训练过程中培养出来的那种自然洒脱的气度，也让他们的朋友、家人或顾客另眼相看。他们开始在建立自己的信心的同时，游刃有余地处理和他人的关系，从而影响到他们的整个人生。

另外，这种训练也会不同程度地影响到人的性格，即使不一定很快地显现出来。大卫·奥门博士是大西洋城的一位外科医生兼美国医药学会的会长，我曾问他："就心理健康而言，接受当众演讲训练有什么好处？"他回答说："回答这个问题，最好是开一个处方，还要自己给自己配药。如果某个人认为自己不行，那他就错了。"以下便是奥门博士给我们开的处方：

"努力培养一种能力，让别人能够走进你的脑海和心灵。试着面对单独的人，或在大众面前清晰地表达你的思想和理念。当你通过这种努力不断地获得进步时，你便会发现：你——真正的你——正在塑造一个崭新的形象，使你身边的人前所未有地大吃一惊。

"当你试着和别人说话时，你的自信心会随之增强，你的性格也会跟着变得越来越温和美好，而这就表示你的情绪已经渐入佳境；随之，你的情绪会使你的身体好起来。这个世界的男女老少都需要讲话。即使我并不清楚在经济社会中讲话会带来别的什么利益，我也依然相信它有无穷的好处。不过，我的确了解它对于健康的益处。只要你一有机会，就对几个人或许多人说话——而你将越说越好；我自己就是这样。同时，你还会感到神清气爽，觉得自己完美无缺，这都是你以前所感受不到的。

“这是一种舒畅而美妙的感觉，没有任何药物能给你这种感觉。”

想象你自己正在成功地做着你目前所害怕做的事情，想象你已经能够在各种工作和社交场合侃侃而谈，你的观点被大家所接受，并给你带来了许多好处。这对实现你的目标大有好处。因此，时刻铭记自己的目标是十分重要的。

哈佛大学最杰出的心理学教授威廉·詹姆斯的话正好能解释这一点，他说：“不论哪种课程，只要你对它充满了热情，你就能够顺利完成；如果你对结果足够关心的话，你就能够实现它；如果你希望做好一件事，你就能够做好；如果你期望致富，你就能够致富；如果你想博学，你就会博学。只有那样，你才会真正地期盼这些事情，心无旁骛地一心期盼，而不会胡思乱想许多不相干的杂事。”

“不要抱着投机的心态来学习，”沃特斯告诫我们说，“这种态度只会使我们一无所获。你应该首先给自己订立一个计划、确定一个目标，然后踏踏实实地为这个目标奋斗。当你把自己的精力和才能都用在这上面时，那么你离成功就不会很远了。而我所说的投机的学习态度，是指那种认为自己所学的东西在将来某个时候可能会带来好处而毫无方向的学习。”

集中你的全部精力、时刻不忘记自信和侃侃而谈的说话能力，对你而言是十分重要的。只要想想由此结交的朋友在社交方面对你的重要性，想想自己为大众、为社会服务的能力将大大增强，想想它对你的人生和事业将产生的深远影响……总而言之，想想它为你在将来实现自己的价值铺平道路，你就能实现你的目标。

明确并牢记自己的目标

⊙将你的目标明确下来，把它写在显眼的地方——最好是把它“写”在心里，每天早上提醒自己。

⊙时刻牢记实现目标将给你带来的益处。

⊙回想以前你说话时的害羞和局促，以及因此带来的困窘和其他后果。

⊙记住实现口才训练目标将对你的人生、事业有极大的促进作用。

树立成功的信念

我想再次引用威廉·詹姆斯的话来进入我的话题。我们已经知道，他说过：“如果你对结果足够关心的话，你就能够实现它。”在这里，你可以把它理解为一种必胜的信念。因为当你的目标对你的吸引力足够大时，你就会树立起一种必定要成功的信念。

在任何时候都要提醒自己：我一定要成功，而且一定能够成功。这样，你就能够成功。

当恺撒率领他的军队从高卢渡海而来，登陆现在的英格兰的时候，他是怎样取得胜利的呢？他把军队带到了多佛海峡的白岩石悬崖上，让士兵们望着自己脚下的海面上燃烧的船只。士兵们知道，他们与大陆的最后联系已经断绝，后退的工具已经被焚毁，唯一可做的事情就是前进、征服、胜利。恺撒和他的军队就这样成功了。

恺撒成功的秘诀在于他使他的士兵们知道，他们必须取得成功，没有退路。当你想战胜面对听众所产生的恐惧，以及提高自己的说话能力必然要面对的困难时，为何不让自己拥有这种精神呢？把消极的思想全部扔到火里焚烧，并把身后通往犹豫退缩的大门紧紧关上，你就必将取得成功。

耶鲁大学的乔治·戴维森教授就是依靠这种强大的信念取得成功的。年轻时候的乔治有一个梦想，他希望能够改变世界，服务全人类。为了实现这个理想，他需要接受最好的教育，而美国是他最理想的去处。

当时的乔治身无分文，要到1万千米外的美国去，简直就是天方夜谭。不过，他还是出发了。他徒步从他的家乡尼亚萨兰的村庄出发，穿过东非荒原到达开罗，在那儿他可以乘船抵达美国。他一心想的是到达那个可以帮助他改变命运的国家，其他的他都可以置之度外。

他一开始就遇到了极大的困难。在非洲大陆上，他用了5天才艰难地跋涉了25英里（约40千米）。他的食物已经吃完，水也已经喝完，而且，他身无分文。他还需要继续前进几千英里。

回头吗？还是拿自己的生命赌一把？乔治知道，回头就是放弃，就是回到贫穷和无知。而他不想这样。他相信自己能够克服这些困难，达到自己的目的地。于是，他对自己说："继续前进，除非我死了。"

他继续孤独地前行。他常常席地而睡，以野果和其他植物维持自己的生命。旅途使他变得瘦弱不堪。由于极度的疲惫和令人绝望的现实，几次他都想放弃。但是每当这时，他就给自己鼓气。终于，他战胜了自己的怯懦，充满信心地继续前进。

经过种种磨难和痛苦，1950 年 10 月，乔治终于用两年的时间来到了美国，骄傲地跨进了斯卡济特峡谷学院的大门。

凭着对目标的专注和近乎神圣的信念，乔治战胜了常人难以战胜的困难。还有什么比这件事情更加难以办到的呢？

在一次广播节目中，主持人要我用三句话来说明我上过的最重要的一课。我当时是这么说的："我所上过的最重要的一课，是我们的思想对我们非常重要。如果我们能了解一个人的思想，我们就能了解他这个人，因为正是思想造就了人们。而如果我们能够改变自己的思想，也就能改变自己的一生。"

为了达到目标，你需要建立足够强大的自信和目标必将实现的信念，你必须对自己说话能力训练的成果保持轻松而乐观的态度。从现在开始，你就要积极地设想自己的努力最终会使你成功。你应该想到，你努力的结果必然是，当需要在众人面前站起来说话时，你能够从容不迫地侃侃而谈，清晰明白地表达你的观点。你一定要把你的决心和信念烙在每个词句、每项行动上，并且竭力培养这种能力。

在卡耐基训练班里有一个叫乔·哈弗斯第的学员。有一天，他站起来信心十足地对大家说：他不满足于做一名房屋建造商，他希望自己成为“全国房屋建筑协会”的发言人；他最想做的事是在全国各地奔走，把他在房屋建筑业中遇到的问题和获得的成就告诉人们。

难能可贵的是，他不但对理想有一种狂热的追求，而且真的说到做到。他想讲的，不仅仅包括地方性的问题，还包括全国性的问题。对于这样的想法，他并没有三心二意，而是用心地准备自己的演讲，并且用心地进行练习。在上课期间，他从没有耽误一次课；即使再忙，他也要一丝不苟地按照训练班的要求去做。结果他的进步十分迅速，令大家都十分惊讶。两个月之后，他成了班上的佼佼者，被选为班长。

大约一年以后，乔·哈弗斯第的老师这样写道：“我几乎已经忘记了来自俄亥俄州的乔·哈弗斯第了。一天早上，我正在吃早餐。当我不经意间打开《弗吉尼亚向导》的时候，书中醒目的位置上赫然有一幅乔的照片和一篇称赞他的报道。报道中说：前天晚上，他在一次地区建筑商的盛大聚会中发表了精彩无比的演讲。这时的乔已经不是‘全国房屋建筑协会’的发言人了，简直就像是会长了。”

乔·哈弗斯第为什么能够成功呢？因为他有强烈的欲望，保持了高度的热忱，具备了克服困难的坚强毅力；更加重要的是，他相信自己一定能够成功。

一个成功者不一定具有不同于一般人的本领和才智，但他坚信自己一定能够成功，并且，他会把全部精力用于追逐成功的行动当中。这样，成功的概率就会大大提高。

因为人——无论是谁——本身都有无穷的潜在能力，但能否开发出来，往往取决于每个人对待自己的态度。如果你相信自己能够成功，那么你就必定能够成功。

树立成功的信念

⊙记住说话高手的事迹，知道他们一开始也并不出色，甚至比你还差劲。

⊙在说话的时候，告诉自己：我必定能够成功，成功并不是那么困难。

⊙永远不要抱怨你遭遇了多大的困难，因为你的困难已经被很多人克服过了。

⊙每一个字词、每一项行动上建立信心。

积极的心理暗示

一个人上楼梯，分别以6层和12层为目标，其疲劳状态出现的早晚是不一样的。我发现，如果把目标定在12层，疲劳状态会出现得晚一些。因为当你爬到6层的时候，你的潜意识便会暗示自己：还有一半呢，现在可不能累啊！于是你就会继续努力往上爬。

也就是说，目标高低带来的自我暗示直接决定了我们行为能力的大小。进而我们可以得出这样的结论：意识不但会影响到你的心理状态，而且会影响到你的生理状态。这就是心理暗示的重要性。

自我暗示真的管用吗？是的。现代实验心理学家都支持这样一种观点：由自我暗示而产生的动机，即使是假装的，也会成为人们快速学习的最有力的诱因之一。因此，请对自己进行积极的自我暗示。

威廉·詹姆斯曾说过这样的话："人们通常认为行动总是跟随在感觉之后，但实际上，这两者是并存的关系。行动受人们的意志制约。借着制约行动，意志可以间接地制约感觉，而感觉并不受意志的直接控制。

"因此，当你不再感到快乐时，唯一的改变办法就是：愉快地睡觉、吃饭、谈话，尽量从行动上表现出你很快乐。如果这样都不能改善你的心情的话，那么就再没有别的办法了。

"让自己勇敢起来，即便只是在行动上表现出来，因为人们总是习惯于自我催眠。行动可以间接影响你的感觉，然后调动你所有的意志来达到这个目的。这样，勇气也就会取代恐惧了。"

这就是一种心理暗示。如果你怀疑这种理论，你可以和曾看过这本书并且照着这个方法去做的人，或者上过我的训练班的学员去谈谈，你将会相信这一点的。

接下来我将举一个例子证明这种心理暗示理论的正确性。这个人被视为勇气的象征。他也有过胆怯的时候，但他决心只依靠自己。于是，在不懈的努力之后，他终于成了受人敬仰的勇士。他就是反对托拉斯、以言论左右听众、手里挥舞着总统权杖的西奥多·罗斯福。

在他的自传里，他这样写道:“我曾是一个体弱多病而且笨拙的孩子。年轻的时候，我常常处于一种紧张的状态中，对自己也没有信心，因此不得不对自己进行艰苦的训练。这种训练并不只是身体上的，也包括灵魂和精神上的。”

一个这样的孩子，是怎么变成勇士的呢?他在自传里解释了让他得以转变的原因:“我在马里埃的书中看到过一段话，印象极为深刻，并把它时时记在心里。这是一艘小型英国军舰的舰长向主角解释如何才能顶天立地、无所畏惧地生活的一段话。他说，最初要行动的时候，每个人都会紧张不安，重要的是，不应让这种恐惧感延续下去。你应该采取的方法是：控制自己，表面上装作若无其事的样子。这样持之以恒，假装的就会变为现实。他只不过是想炼就坚强的意志，但这种练习让他变成了真正的勇者。

“这就是我训练自己的方法。一开始，从大灰熊到野马、猎枪，我什么都怕，可我尽量装出不怕的样子来；慢慢地，我不再恐惧。人们要是愿意，也可以像我一样。”

在第二次世界大战期间，有一个犹太人打算活着走出纳粹集中营。人们都说这是不可能的——丧心病狂的纳粹分子随时可能把他们成批地拉出去枪毙；另外，恶劣的生存环境让人们生病、相互传染以至于相继死亡。总之，人们都已经失去了生存的信心。但是，这位犹太人暗暗地告诉自己说:“某月某日，联军一定会来拯救我们的。在此之前，我一定要好好地活下去。”结果，在那个日子来临之前，他的同伴一个个死去，但是他却坚强地活了下来；然而，当那个日子来到以后，他却像他的同伴一样，急速地衰弱下去并且死亡了。

从上述事例我们可以看出，心理暗示确实能够给我们带来勇气。积极的心理暗示可以使我们克服恐惧、战胜困难，对我们做任何事情都十分有利。那些敢于接受这项挑战的人将发现自己正脱胎换骨，享受更丰富、更美好的人生。

说话当然也是如此。卡耐基训练班的一个学员——他是一位店员——告诉我："最初，我很害怕和顾客说话，每次都是心惊胆战的。后来我告诉自己，其实顾客是很好说话的。几次之后，我不再害怕了，觉得自己有信心了，和顾客说话也一点不紧张了。现在，我甚至可以理直气壮地说出自己的不同意见。上训练班后的第一个月，我的销售业绩提高了将近一半。"

另一位家庭主妇学员也告诉我："原来我不敢邀请邻居到我家里来做客，我怕自己不能跟他们融洽地谈话。上了卡耐基训练班之后，我觉得自己不再那么害怕了。最近我办了一场家庭宴会，非常成功，我往来于客人之间，尽情地与他们交谈。"

他们都成功地运用了心理暗示，从而克服了自己的恐惧。另外，我们在致力于提高自己的说话水平的时候，必然会遇到各种困难，心理暗示同样可以帮助我们战胜这些困难。所以，当你开口说话或者需要拿出勇气来战胜困难的时候，不妨摆出一副信心满满的样子来。如果你已经准备妥当，就勇敢地把你想要说的话表达出来吧！

给自己积极的心理暗示

⊙不必过于胆怯和拘谨。

⊙要相信，有时候行动能够改变你的感觉。

⊙即使有一点紧张也不要紧，关键是要正确地处理。

⊙如果你在说话的时候有失误，你可以把它当成是你的幽默或别的什么东西。总之，要给自己适当的、积极的心理暗示。你要告诉自己，一切都很好。

第二章

成为说话高手的几种方式

让对方多说话

很多人急于让对方（为了写作的方便，除非特别提及，否则本书中“对方”一词指的是两人谈话中的“另一方”、演讲中的“听众”等在内的所有场合的说话对象，即泛指的对象）明白自己的意思，话说得太多了。要知道，有时候话说得太多跟不说话的效果差不多。

尽量让对方多说话吧！他们对自己的事情和问题一定比对你了解得多。所以，在必要的时候，向他们提一些问题，让他们告诉你一些事情。这样做将会使你们的交流更加有效果。

如果你并不同意对方的观点，你可能想去反驳他。可是你千万不要这么做，因为这将是非常危险的。当一个人急于把自己的观点表达出来的时候，他绝对不会在意别人的观点。在这个时候，你要做的事情就是听听他有什么观点，鼓励对方充分地发表自己的意见。

首先，让我们来看看这种策略在商业上的价值。

若干年前，美国最大的汽车制造公司正在和三家重要的厂商洽谈订购下一年度的汽车坐垫布。这三家厂商都已经做好了坐垫布的样品，并且得到汽车制造公司的检验。汽车制造公司告诉他们，他们可以以同等条件参加竞争，以便公司做出最后的决定。

其中一个厂商的业务代表 R 先生——他后来成了卡耐基口才训练班的学员——在班上叙述他的经历时说："不幸的是，我当时患有严重的喉炎。当我参加高级职员会议时，我几乎说不出话来了。他们领我到一个房间，该公司的纺织工程师、采购经理、推销经理以及总经理跟我会面。我站起来，想尽力说话，但是却只能发出沙哑的声音。最后，我只能在纸上写道：各位，对不起，我的嗓子哑了，不能说话。

"'那么，就让我替你说吧！'该公司的总经理看到后说。他帮我展示了我的样品，并且对着大家称赞了它的优点。在他的提议下，大家围绕着样品的优点展开了热烈的讨论。由于那位总经理在替我说话，因此在这场讨论中，我只是微笑、点头以及做了几个简单的手势。

"这个特殊的会议讨论的结果是我赢得了这份订单，和该公司签订了提供 50 万码坐垫布的合同。这是我获得的最大的订单——它的总价为 160 万美元。我很幸运。我知道，假如我的嗓子没有哑，那么，我可能得不到这个订单，因为我对整个情况的看法是错误的。这个经历让我发现，让别人说话是多么的有益。"

交易成功的关键在于，如果你希望别人买你的商品，最好的办法莫过于让他们自己说服自己。在很多情况下，你不能直接向顾客推销你的商品，而要让他们在心底里觉得你的商品确实很有优势，从而主动来买你的商品。

让对方说话，并不只是在商业领域起到了重要作用，在别的方面也同样发挥作用。比如，它可以帮助你处理家庭中的一些矛盾。

芭芭拉·威尔逊是卡耐基训练班的学员，她和她的女儿罗瑞的关系近段时间迅速恶化。罗瑞以前是个十分乖巧和听话的孩子，但是在她十几岁的时候，与母亲产生了许多矛盾，拒绝与母亲合作。威尔逊夫人曾试图用各种方法教育她，但是都无济于事。

“她根本不听我的话，我几乎放弃了所有的努力。有一天，她家务活还没做完，就去找她的朋友玩。当她回来的时候，我照旧骂了她。我已经没有耐心了，我伤心地对她说：‘罗瑞，你为什么会这样呢？’

“罗瑞似乎看出了我的痛苦。她问我：‘你真想知道吗？’我点头。于是她开始告诉我以前从未跟我说过的事情：我总是命令她做这做那，从来没有想过要听她的意见；当她想跟我谈心的时候，我却总是打断她。我认识到，罗瑞其实很需要我，但她希望我不是一个爱下命令、武断的母亲，而是一个亲密的朋友，这样她才能倾诉烦恼。而以前，我从未注意到这些。从那以后，我开始让她畅所欲言，而我总是认真地听。现在，我们的关系大大改善，我们成了好朋友。”

同样，让别人说话，可能对你求职也有很大的帮助。

最近，纽约《先锋导报》刊登了一则招聘广告，他们需要聘请一位有特殊能力和经验的人。查尔斯·克伯利斯看到广告后，把他的资料寄了出去。几天之后，他收到了约他面谈的回信。

“如果能在你们这家有着不凡经历的公司做事，我将十分自豪。听说在28年前，当你开始创建这家公司的时候，除了一张桌子、一间办公室、一个速记员之外什么都没有，简直难以置信。这是真的吗？”在面谈的时候，克伯利斯对与他面谈的老板这样说。实际上，每个成功的人都喜欢回忆自己早年的创业经历，并且十分高兴别人能听他讲下去。这个老板也不例外。他跟克伯利斯谈了很久，谈了他如何依靠450美元现金开始创业，每天工作12到16个小时，在节假日照常工作，以及他如何终于战胜了所有的困难。最后，这位老板简单地问了克伯利斯的经历，然后对他的副经理说：“我想他就是我们正在寻找的人。”

克伯利斯成功的原因可能没有这么简单，但是有一点十分重要：他聪明地提出了一个对方十分感兴趣的问题，并且鼓励对方多说话，因此给了老板很好的印象。

法国哲学家罗司法考说过：“如果你想结仇，你就要比你的朋友表现得更加出色；但如果你想要得到朋友，那就要让你的朋友表现得更出色。”他的意思是，当你的朋友胜过你时，他们就会产生一种自重感；如果情况相反，他们就会产生一种自卑感，并且开始对你产生猜疑和忌妒。

亨丽塔女士是纽约市中区人事局里与别人关系最融洽的工作介绍顾问。但是一开始有好几个月，亨丽塔在同事中连一个朋友也没有。

“我的工作干得确实很不错，我一直很骄傲。”亨丽塔在我的班上说，“奇怪的是，同事们不但不愿意跟我谈论我的成绩，而且似乎很不高兴。而我渴望和他们做朋友。在上了这种辅导课之后，我开始按照它去做了，我开始少谈自己，多听同事们说话。我发现，其实他们也有许多值得夸耀的事。对他们而言，把他们的事情告诉我，比听我的自吹更能让他们高兴。现在，每次我们在一起聊天的时候，我都会让他们告诉我他们的故事，共同分享他们的喜悦。只有当他们问到，我才略微地谈论一下我自己。”

有时候，弱化我们自己的成就会使人喜欢你。德国人有句俗语，大意是：最大的快乐，便是从我们所羡慕的强者那里发现弱点，从而让我们得到满足。是的，你要相信，也许你的一些朋友会从你的挫折或弱点中得到很大的满足。

有一次，一位律师在证人席上对埃文·考伯说：“考伯先生，我听说你是美国最著名的作家，是这样吗？”考伯回答说：“我不过是徒有虚名罢了。”

考伯的回答是正确的。你或许不知道是什么使我们不至于成为白痴，那并不是什么了不起的东西，只是你甲状腺中值 5 美分镍币的碘而已，可如果没有那点东西，我们就会成为白痴。我们都没有什么了不起的。人终有一死，百年之后，我们中的绝大多数都会被人忘记。生命如此短暂，我们不应该对自己小小的成就念念不忘，这样会使人厌烦的。因此，如果你希望别人的看法跟你一致，使你们的谈话进入佳境，就要鼓励别人多说话——这是你必须要做的事情。

鼓励别人多说话

⊙在你已经说了一些话的时候，停下来，休息一下，给别人说话的机会。这不仅可以让你自己的嘴巴休息，也在某种程度上可以让你的大脑得到休息——不要让它们工作太久。

⊙即使是我们的朋友，他们也不愿我们过分夸耀自己的过去，而宁愿谈论他们的成就。

⊙也许你的听众装作很认真地在听你的谈话，但是也许他没有真的认真在听。因此，最好让他也说说话。

⊙你可以在别人的谈话中找到你打算继续的话题。

不要和别人争论

第二次世界大战后不久，我在伦敦得到了一个极为重要的教训。那时，我是澳大利亚飞行家詹姆斯的经理人。在大战期间和结束后不久，詹姆斯成了世界瞩目的人物。一天晚上，我参加了欢迎詹姆斯的宴会。那时，坐在我右边的一位来宾给我们讲了一段诙谐的故事，并在讲话中引用了一句话。

他指出这句话出自《圣经》，而我恰好知道这句话出自莎士比亚的作品。那时候，为了显示自己十分突出，我毫无顾忌地纠正了他的错误。然而那人却说："什么？那句话出自莎士比亚？不可能，绝对不可能。"他坚持认为自己是对的。

当时，坐在我左边的是我的老朋友加蒙，他是一个研究莎士比亚的专家。我们让加蒙来决定我们谁是正确的。加蒙在桌子底下踢了我一脚，然后说："卡耐基，你是错的，这句话的确出自《圣经》。"

宴会之后我们一起回家。我责怪加蒙说："你明明知道那句话是出自莎士比亚之口，为什么还要说我不对呢？"

"是的，一点都不错。"加蒙说，"那是莎士比亚的《哈姆雷特》

第五幕第二场中的台词。可是卡耐基，我们都是这个宴会上的客人，为什么我们一定要找出一个证据，去指责别人的错误呢？你这样做会让别人对你产生好感吗？你为什么不能给他留一点点面子呢？他并不想征求你的意见，也不想知道你有什么看法，你又何必去跟他争辩呢？记住这一点，卡耐基，永远不要跟他人发生正面冲突。这是一个真理。”

“永远不要和他人发生正面冲突。”说这句话的人现在已经不在这个世界上了，可是我会永远记住这句话。

这个教训给了我极大的震动。我原来是一个固执己见的人，从小就喜欢跟人辩论。读大学的时候，我对逻辑和辩论十分感兴趣，经常参加各种辩论比赛。后来，我在纽约教授辩论课，甚至还计划着手写一本关于辩论的书。现在，我一想起这些事，就会感到十分羞愧。

那天之后，我又聆听了数千次辩论，并且十分注意每次辩论会之后产生的影响。我得出一个结论，也是一个真理：天下只有一种方法能得到辩论的最大胜利，那就是像避开毒蛇和地震一样，尽量去避免辩论。

我还发现，在辩论之后，十有八九，各方还是会坚持自己的观点，相信自己是绝对正确的。

辩论的结果只能是失败，永远无法获胜。即使表面上你取得了胜利，实际上却与失败没有什么区别。因为就算你在辩论会上胜了对方，把对方驳得体无完肤，甚至指责对方神经错乱，可是结果又会怎么样呢？你逞了一时之快，自然很高兴，但是对方却会感到自卑。你伤了他的自尊，他会对你心怀不满。

你应该知道，当人们被迫放弃自己的意见而同意他人的观点的时候，就算他看起来是被说服了，实际上他会更加固执地坚持自己的意见。

巴恩互助人寿保险公司为他们的职员定下了这么一条规定：不要争辩。他们认为，一个好的推销员是不会跟顾客争辩的，即使是最平常的意见不合，也应该尽量避免。因为人的思想是不容易改变的。

老富兰克林的话正好可以说明这一点："如果你辩论、反驳，或许你会得到胜利，可是那胜利是短暂、空虚的，而你将永远也得不到对方对你的好感。"空虚的胜利和人们对你的好感，你希望得到哪一样呢？

在威尔逊总统任职期间担任财政部长的玛度，以他多年的从政经验告诉人们一个教训："我们绝不可能用争论使一个无知的人心服口服。"而如果要我说的话，我认为：你别想用辩论改变任何人的意见，而不只是无知的人。

下面我将再举一个例子。所得税顾问派逊先生，曾经为了一个账目问题和一位政府税收稽查员争论了一个小时。派逊的意见是：不应该征收所得税，因为这是一笔永远无法收回的呆账。而那位稽查员却认为必须要缴税。

派逊在讲习班上讲了后来的情形：

"他冷漠、傲慢、固执，跟这种人讲理，就如同在讲废话。越跟他争辩，他越是固执己见。后来我决定不再继续跟他争论下去，于是就换了个话题，还赞赏了他几句。

"'由于你处理过许多类似的问题，'我这样对他说，'所以这个问题对你来说肯定是小菜一碟。而我虽然也研究过税法，但不过是纸上谈兵。你当然知道，这些是需要实践经验的。说实在话，我非常羡慕你有这样的一个职务，这段时间让我受益匪浅。'

“当然，我跟他讲的，也都是实在话。那位稽查员挺了挺腰，就开始谈他的工作，讲了许多他所处理的舞弊案件。他的语气渐渐平和下来，接着又说到自己的家庭和孩子。临走的时候，他对我说他打算回去再把这个问题考虑一下。

“三天后，他来见我，说那笔账按照税务条款办理，不再多征收。”

这位稽查员的身上，显露出了人性的一个常见的弱点，即希望得到别人的认同。当派逊跟他争辩的时候，他显得十分有权威，希望以此来建立自尊，而当派逊认同他的时候，他就随即变成了一个和善的、有同情心的人，从而自然而然地停止了争论。

释迦牟尼说过：“恨永远无法止恨，只有爱才可以止恨。”因此，误会不能用争论来解决，而必须运用一定的方法，如给予别人认同来解决。

林肯曾经这样斥责一位与同事争吵的军官：“一个成大事的人，不应处处与人计较，也不应花大量的时间去和他人争论。无谓的争论不仅会有损你的教养，而且会让你失去自控力。你要尽可能对别人谦让一些。与其挡着一只狗，不如让它先走一步。因为如果被狗咬了一口，就算你把这只狗打死，也不能治好你的伤口。”我认为，林肯的话也应该成为你的行动准则。

不要和他人争辩

⊙在你打算开口辩论之前，想想对方说的确实也很有道理。

⊙在辩论时，也许你的意见和立场是对的，但是如果你想改变你对手的意见，辩论是最糟糕的方法。

⊙真理有时候并非越辩越明。

⊙不要直接指出他人的错误，因为这可能会给你带来一场无聊的争论。

⊙在推销中也是如此。真正的推销术不是争论，其中包括不露声色的争论。

勇敢地承认自己的错误

乔治·华盛顿总统在很小的时候就显示出了许多优秀的品格。他家的种植园中种有许多果树。有一次，乔治的父亲华盛顿先生从大洋对岸买了一棵品种优良的樱桃树。华盛顿先生非常喜爱这棵樱桃树，他把树种在果园边上，并告诉农场上的所有人要对它严加看护，不能让任何人碰它。

一天，华盛顿先生交给乔治一把锋利的小斧子，让他去清理杂树，然后自己就出去了。乔治十分高兴自己拥有一把锋利的小斧子，拿着它在种植园中乱砍杂树。可能是因为太高兴了，他一不小心就砍倒了那棵樱桃树。

那天傍晚，华盛顿先生忙完农事，把马牵回马棚，然后来果园看他的樱桃树。没想到，自己心爱的树居然被砍倒在地。他问了所有人，但谁都说不知道。就在这时，乔治恰巧从旁边经过。

“乔治，”父亲用生气的口吻高声喊道，“你知道是谁把我的樱桃树砍死了吗？”

乔治看到父亲如此愤怒，意识到是自己闯了祸。他哼哼唧唧了一会儿，但很快恢复了理智。“我不能说谎，”他说，“爸爸，是我用斧子砍的。”

华盛顿先生这时候已经冷静了下来，他问乔治：

“告诉我，乔治，你为什么要砍死那棵树？”

“当时我正在玩，没想到……”乔治回答道。

华盛顿先生把手放在孩子肩上。“看着我，”他说道，“失去了一棵树，我当然很难过，但我同时也很高兴，因为你鼓足勇气向我说了实话。我宁愿要一个勇敢诚实的孩子，也不愿拥有一个栽满枝叶繁茂的樱桃树的果园。一定要记住这一点，儿子。”

乔治·华盛顿从未忘记这一点。他一直像小时候那样勇敢、受人尊敬，直至生命结束。

我们都像乔治·华盛顿一样，从小就被教育要诚实，但很遗憾的是，很少有人能做到这一点。当然，我们可以找出各种理由来为自己辩解，来使自己心安理得。在多数情况下，我们为了维护自己的尊严，或者出于自我保护的心理而拒绝承认自己的错误，即使承认错误不会给我们带来任何惩罚——拒绝承认错误好像成了一种下意识的行为，就算我们并不清楚是为什么。

这是一种可怕的行为。如果你确认自己犯了错误，唯一能做的就是承认它。这并不会给你带来多么严重的后果。愚蠢的人，总会想办法为自己的错误辩解或者掩饰，而聪明的人却恰恰相反，他们通常会毫不掩饰地承认自己的错误，因为这会给他们带来更多的东西。

在纽约的一家汽车维修店里，曾经发生过一件店员勇敢地承认自己错误的事情。

布鲁士刚进这家维修店不久，就因为热情的工作态度得到了老板和同事们的一致好评。

但是有一天，布鲁士由于一时大意，把一台价值5000美元的汽车发动机以2500美元的价格卖给了一位顾客。同事们给他出主意，让他立即追回那位顾客；如果追不回，还可以私下里垫上这2500美元。可是布鲁士觉得这些方法都不好，他决定向老板承认错误。那些同事阻止他，认为他这么做简直太蠢了，因为这会导致他失去这份工作。但是布鲁士却坚持自己的意见。

布鲁士拿着一个装了钱的信封来到了老板的办公室。“对不起，布朗先生。”布鲁士说道，“今天，由于个人的原因，我犯了一个很大的错误，使维修店损失了2500美元。我为我犯了这样的错误而感到羞耻，并打算辞去这份工作。在走之前，我打算把这笔损失补上。这是我的2500美元赔款，请您收下。”

老板听后，沉默了一会儿，然后对布鲁士说：“你真的打算这么做吗？”

“是的，布朗先生，”布鲁士回答道，“我把发动机的价格搞错了，确实是我犯下了这个错误，因此我必须来承担这个责任。我本来可以去找那位顾客，但是这样会损害维修店的声誉。而我对这件事情负有全部的责任。因此，我只能这么做。”

布鲁士这种勇敢承认自己错误的行为打动了老板。他知道，任何人都会犯错误，关键是要有承认和改正自己的错误的勇气。所以，老板并没有批准布鲁士辞职，而是给了他更大的发展空间，也更加器重他，而布鲁士则因为勇敢地承认自己的错误而获得了比2500美元多得多的东西。

史狄芬是一家裁缝店的老板，由于他经营有道，裁缝店的生意很好。一天，一位叫哈里斯的贵妇人来到店里，要求赶做一套晚礼服。史狄芬做完礼服之后，却发现礼服的袖子比要求的长了半寸。不幸的是，他已经没有时间进行修改了，因为哈里斯太太规定的时间已经到了。

当哈里斯太太来到店里取她的晚礼服的时候，她并没有发现有什么问题。她试穿上晚礼服，发现它为自己平添了许多气质，于是连连称赞史狄芬的高超手艺。不料，等她试完之后打算按照原定的价格付钱时，史狄芬却拒绝接受。于是，哈里斯太太问他为什么。

“太太，”史狄芬说，“我之所以不能收你的钱，是因为我犯了一个很大的错误——我把你的晚礼服的袖子做长了半寸。我很抱歉，我希望你能够原谅我。如果你能够给我一点时间的话，我将免费为你把它做成你需要的尺寸。”

哈里斯太太听完话后，一再强调她对这套礼服很满意，而且并不在乎袖子长那么半寸。但是，她却无法说服史狄芬接受这套礼服的钱，最后，她只得让步。

哈里斯太太回去对她的丈夫说：“史狄芬以后一定会出名的，他认真的工作、精湛的技术、诚恳的态度使我坚信这一点。”

事实果然如此，史狄芬后来成了世界有名的服装设计师。

我可以举出上千个这样的例子来，但是我没有必要这么做。这个道理人人都懂，只是实行起来有一些困难罢了。我想要强调的是，如果你确实想要成功，就一定要勇敢地承认自己的错误。

坦诚地认错

⊙记住这句古话：“争斗永远无法使你得到满足，而让步将使你得到的比你期望的多。”

⊙有错就勇敢地承认，这正是所有伟大的人物所具有的高尚品格。

⊙不要害怕别人会笑话你主动承认错误，事实上，如果你不承认的话，他们不但会给你指出来，而且更有可能讥笑你的怯懦和虚伪。

⊙承认错误时一定要诚恳。你要让人们相信，你真正认识到了这一点，并且会尽力去改正。

牢记他人的名字

有钱人常常出钱资助那些穷困的作家、艺术家和音乐家。他们希望这些人能够把作品献给他们，使他们的名字随着这些作品得以流传。在我们的图书馆和博物馆里，最有价值的艺术品往往由那些希望人们记住他们名字的有钱人捐赠。比如，纽约图书馆里有埃斯德家族与里洛克家族的藏书，大都会博物馆则保存着本杰明·埃特曼与J. P. 摩根德的签名书信，几乎每一个教堂里都镶嵌上了彩色玻璃，用来纪念那些捐赠者。

这说明人们总是非常重视自己的名字，并希望别人能够记住。如果想要给人好感，最简单、最明显而又最重要的方式，莫过于随口喊出对方的名字。因为这样，你就给了别人受重视的感觉——而据我所知，每个人都希望拥有这种感觉。这种方法可以说是屡试不爽。

在记住别人的名字方面，富兰克林·罗斯福总统是一个典范。众所周知，罗斯福总统是这个世界上最忙的人之一。但是他知道记住别人名字的重要性，所以舍得花时间在这方面。

一次，克莱斯勒公司特意为罗斯福总统制造了一辆汽车，总经理张伯伦和一位机械师将这辆汽车开到了白宫。在张伯伦的信里，他记述了当时的情形：

“我教罗斯福总统如何驾驶一辆配置了许多特殊部件的汽车，而罗斯福总统也教给了我许多为人处世的道理。

“我被召入白宫，总统非常高兴。他立刻就叫出了我的名字，这使我非常高兴。令我印象尤为深刻的是，他确实很用心地听我为他所做的说明。这辆汽车进行了特殊设计，非常完美，可以完全用手进行操作。

“总统说：‘这辆汽车真是太完美了。只要按下这个按钮就可以开动它，而且可以毫不费力地进行驾驶。我不知道它是怎么工作的。我希望自己能有时间对它进行研究，看看它是如何工作的。’

“当总统的许多朋友和同事都围在四周称赞这辆汽车时，他又当

着大家的面对我说：‘张伯伦先生，你设计这辆车花了大量的时间和精力，非常感谢你。这辆车简直太棒了！’

“然后，他又对车内的散热器、特制反光镜、时钟、特制的照明灯、椅垫的款式、驾驶座位、刻有他姓名缩写字母的特制衣箱等加以赞扬——他注意到了每个细节，对于我所付出的心血给予了极大的褒奖。他还特意让罗斯福夫人、秘书波金女士、劳工部长等人注意这些部件。他甚至嘱咐他的黑人司机，对他说：‘乔治，你可要好好照顾这些衣箱。’

“上完驾驶课程之后，总统对我说：‘好了，张伯伦先生，我已经让联邦储备委员会的委员们等我 30 分钟了。我想我应该回去工作了。’

“我当时带了一位机械师。这位机械师是一个很害羞的人，在我们说话的时候，他总是站在后面。尽管他自始至终没有和总统说过一句话，而且总统也只听我介绍过一次他的名字，但出乎意料的是，当我们离开的时候，总统特意找到这位机械师，并与他握手，还叫出了他的名字，对他来到华盛顿表示感谢。我能感觉出来，他的感谢一点都不做作，是真心诚意的。

“几天之后，我收到了一张罗斯福总统亲笔签名的照片，照片后面还附有简短的对我的帮助表示感谢的言辞。作为一位国家元首，罗斯福总统怎么会有时间来做这样的事情呢？这真的让我难以置信。”

罗斯福总统何以给张伯伦先生留下如此深刻而美好的印象呢？当然不是因为他是国家元首，而是因为他给了人一种被重视的感觉。为什么他能给人这种感觉？原因很简单：他非常尊重他们，并且记住了他们的名字。

作为一个政治家，记住选民的名字，往往是他的第一堂课，而如果忘记了选民的名字，他将会很失败。在每个人的事业发展和商业交往中，记住别人的名字也很重要。

得克萨斯州商业股份有限公司董事长班顿拉夫有这样的感触：公司越大，人们之间的关系就越冷漠。他认为，记住别人的名字，是唯一能使公司氛围变得融洽的办法。

洛克帕罗是加利福尼亚州一家航空公司的服务员，她经常训练自己记住旅客的名字，并注意在服务时叫他们的名字。这使得旅客感到很亲切。有的旅客会当面表扬她，而有的则会写信到公司表扬她。有一封表扬信这样写道："我很久没有坐你们公司的飞机了。但是从现在开始，我决定以后只坐你们公司的飞机。你们亲切的服务让我觉得你们公司似乎是属于我个人的，这一点十分重要。"

大多数人常常不记得别人的名字，原因多数是他们没有注意到这件事情的重要性。现在，你既然已经知道记住别人的名字有多么重要，为什么还不花点时间和精力去做这件事情呢？

记住别人的名字

⊙首先，要明白记住别人的名字是一件十分重要的事情，这样你才会在这方面花心思。

⊙叫出别人的名字，比你费九牛二虎之力去做其他事情更加有效，它是一件事半功倍的事情。

⊙在谈话中直接称呼对方的名字，这样不但会使你对这个名字更加有印象，而且能够拉近你和对方的距离。

⊙你可以做一些“姓名簿”之类的小本子，以便记住每个和你接触过的人的名字。

⊙如果你忘记了对方的名字，在下次见面之前，要通过一些途径打听到他的名字，并且把它记住。

第三章

培养社交口才的方法

什么场合说什么话

你可能会遇到这样的情形——一个人拍拍你的肩膀，然后说："请给大家说两句。"而这个时候，你多半正在津津有味地倾听别人精彩的谈话，或者正在考虑明天怎么样向你的顾客推销商品。但是你发现，人们的目光很快地转移到你的身上来了。而你大概还没弄清楚是怎么回事，大家就一致欢迎你讲话了。你可能会觉得比较尴尬，因为你根本没有打算站起来说话。

在这样的时候，最好的办法是：你先随便说上几句无关紧要的话，争取一个喘息的机会；然后开始讲适合这个场合的、与对方关系密切的话题。因为对方永远只对自己和自己正在做的事情感兴趣，所以，你可以就地取材，围绕对方的关注点或当时的场合抓取话题。当然，这个话题你必须熟悉。

讲话最根本的两点其实就是"说什么"和"怎么说"。"说什么"就是你说话的内容，针对不同的场合，你的说话主题应该有一定的变化；"怎么说"就是怎么把这些话表达出来，针对不同的场合，你需要采取有针对性的说话技巧。交际场合经常会出现这样的一种情况：

有的人侃侃而谈、口若悬河；有的人却呆坐半天、一声不响，即使有时候想说话，也会因为找不到合适的话题和方法而无从谈起。

不管是即兴说话，还是准备充分的说话，你都必须设法围绕特定的场合展开。你必须关心的有两点，即当时的人和当时的场合。你可以谈论跟对方有关的话题，说说他们是谁、正在做什么，特别是他们为社会和人类作了什么贡献，等等。

关于场合的问题，确实十分复杂。你可以讲这次聚会的缘由，比如它是周年纪念日，还是表扬大会，或是年度聚会，或者是政治性或商业性聚会。由于前来参加聚会的人与聚会主题都有一定的联系，如果你就此发表你的谈话，当然能够吸引对方的注意力。

最成功的讲话，都是做到了因地制宜。尽管这种讲话是针对一定的场合的，它们就像昙花一现一样，一般都只在特殊的场合、特殊的时刻展现，但是产生的效果却不容忽视。在你还没有想到之前，人们已经把你当作说话高手了。

你在说话的时候总是会以一定的社会角色——可能是一个医药学专家，也可能是一个律师——出现在人们面前，所以当你出现的时候，人们总是容易把你的社会角色和你联系起来。但是在不同的场合，你的身份可能会有变化。比如，作为医药学专家的你出现在一个朋友的聚会中时，如果没有人提及，你可能并不需要大谈你的医学知识，这时候你的身份只是一个普通的朋友，而不是你的专业角色；但是当你出现在学术座谈会上时，你需要展现的当然应该是你渊博和专业的医药学知识，这时候你的角色已经发生了变化。因此，我们在不同的场合说话时，一定要注意自己的身份。

中国的语言十分有特色。有一次，某地举行修辞学年会。会长在开场的时候这么说：“先让我这老猴耍一耍，然后你们中猴、小猴接着耍。我老猴肯定耍不过你们中猴、小猴，但是总是要开个头的。”代表们听了觉得很有意思，都笑着鼓掌，大家的情绪被带动起来了。会长是与会者中的权威，又年近古稀，他把自己比做老猴，把其他与会者比做中猴、小猴，不但形象地描述出了老、中、青三代学者共聚一堂，而且显得非常幽默。并且，在修辞学的研讨会上，会长故意用这种修辞表示自谦，与主体身份、客观对象以及具体场合都十分协调，因而取得了非常好的效果。但是，假如一个中年学者说“我是中猴，先让我来耍一耍，然后你们老猴、小猴接着耍”，即使他是会长，这么说也很不得体。这会使听的人产生反感，而且把年纪大的学者比做老猴是不尊重他们的表现，因为按照他的身份是不能这样打比方的。所以，我们一定要把握好当时场合下自己的身份是什么，之后再开口说话。

在不同的场合，当我们的角色发生改变的时候，我们需要说不同的话。比如某一天，你先与室友交谈，然后去上课，最后回到家和妈妈交谈，另外你还有可能参加了一次义卖活动。在这一天你的角色转换了许多次，有朋友身份、学生身份、孩子身份、商家身份、慈善者身份等，每一种身份都决定了你应该怎么说话。

我们在不同场合说话，还必须符合当时的语境，也就是说，我们所选择的话题、表达方法和说话结构都要切合特定的场合，符合特定的时间、地点和人物等因素。

如果参加一个满月宴，人们会期望我们在仪式中说：“这个孩子真漂亮。”但是如果你说“这孩子我可不大喜欢，他长得太奇怪了”，就会引来无数责备的眼光。在婚礼上，我们应该祝福新婚夫妇幸福、白头偕老，而且不要忘记称赞新娘很漂亮。

如果你在非洲东部的农村，遇到了一个非常熟悉的人却只是简单地说了一声“你好”，你可能会被认为很无礼，而且你也无法跟他们处好关系；你应该停下来，耐心细致地询问对方的家庭、家畜和健康状况。有些地方，在婚礼上对新婚夫妇说希望他们会有很多儿子是适合的。但是在美国，如果你还这么说的话，就会被认为是十分突兀和无礼的。

实际上，很多人偏偏做不到这一点。水管工人可能会告诉你，你家的厕所需要一个新的套筒垫圈，可通常不会告诉你这是个什么东西——这会使你很茫然——因为他根本没有意识到他面对的是一个对水管修理一窍不通的人。显然，对他而言，这是一次失败的沟通。他应该告诉你套筒垫圈是什么东西，应该买多大的，最好还告诉你到哪里去买最实惠。

一位在夏威夷悠闲度假的文艺家接受了电视节目的采访。女记者这么问他：“您这些天感觉好吗？”她本来可能是想问“您是否每天都如此悠闲地享受生活”，殊不知，她问的那句话是在询问别人的身体时才用的。结果，那位文艺家也只好平静地回答：“是的，托你的福。”

如果你在董事会上大大咧咧的，像平时对待同事一样，一点儿都不注意说话策略的话，你很有可能会给他人留下不好的印象，从而面临失业的危险。

依据场合确定说话策略

⊙确定你所处的是什么样的场合，包括你要面对的人、事和环境。

⊙主题可以不变，但是说话方法一定要随场合的不同而改变。

⊙没有人可以不加变通地说话。成功的方法其实很简单，那就是针对不同的场合，用不同的方法说不同的话。

⊙真正高明的说话技巧都是针对一定的人和场合的。

根据听众决定说话策略

我们已经讲过，说话不是说话人一个人的事情，而必须考虑听众。我们讲话的目的，是要表达自己的观点给别人听。那么，能否达到这个目的，最终的决定因素还是听众。因此，我们在说话时，要尽量使用适合对方的表达方式，即根据听众决定我们的说话策略。

遗憾的是，我们没有一种放之四海而皆准的说话艺术来使你轻易地掌握说话技巧。在说话之前，你有必要对下列问题仔细地进行考虑：你要对谁讲、将要讲什么、为什么要讲这些内容以及怎么讲等。

事实上，自从我开办卡耐基训练班以来，我面对过难以计数的不同的人，他们都需要我向他们传递我的观点。我要使自己的讲课和谈话能够让他们接受，就不得不不断调整自己的说话策略。你应该像我一样，面对不同的人，随时准备改变说话策略。

同样的一种说话策略，对不同的人为什么不一定适合呢？这是因为人的心理素质、性格、受教育程度、成长环境等都不相同。比如，我可以对害羞的A小姐进行鼓励，以建立她的自信，从而使她能够站起来当众说话；对好辩的B先生则进行容忍训练，让他给别人说话的机会，使得他不会因为自己的冲动而失去顾客。之所以采取不同的策略，就是因为A小姐和B先生的性格不相同。

不同的人接受他人意见的方式和敏感度是不一样的。一般来说，文化水平较高的人不屑于听肤浅、通俗的话，对他们应该多用抽象的推理；文化层次较低的人则正好相反，他们听不懂高深的理论，对他们应该多举明显的例子。对于那些刚愎自用的人，不必循循善诱，你可以用激将法；对于喜欢夸大的人，不必表里如一，可以进行诱导；对于生性沉默内敛的人，不妨语重心长地诱导；对于脾气暴躁的人，说话要简洁明了；对于思想顽固的人，要看准他感兴趣的东西，然后通过这些兴趣点改变其思想。只有知己知彼，你才能取得说话的最好效果。

罗素·康维尔前后发表过以“发现自我”为题的著名演说近6000次。你或许会感到不可思议，或许会认为重复这么多次的演讲，其内容应该已经根深蒂固地刻在演讲者的脑海中了，所以每次演讲时连用词、音调都不会作任何改变了。

事实并非如此。康维尔博士知道，听众的知识水平与背景各不相同，只有让听众感到他的演讲是有针对性的、活生生的东西，是特意为他们准备的，这个演讲才会引起他们的兴趣。他是怎么做到这一点的呢？他是怎么在一场又一场的演讲中成功地维系着自己和听众之间轻松愉快的关系的呢？请听听他自己的回忆：

"在到了某一个城市或镇上后，准备发表演讲之前，我总是先去拜访当地的经理、学校校长、牧师等有知识或有名望的人，然后走进商店同那里的人们谈话，这样我就可以了解当地的历史和他们个人的发展机遇。之后，我才发表演讲，并在演讲中和他们谈论他们感兴趣的话题。"

康维尔博士非常清楚地知道，成功的沟通必须要让演讲者成为听众的一部分，同时也使听众成为演讲的一部分。尽管他重复了近6000次的演讲成为人们最欢迎的演讲，但我们却找不到演说词的副本。虽然这一主题的演讲他已经面对数不清的人们发表过，但内容却是不同的，因为他面对的是不同的人。

有一条船航行至海上时，突然发生了意外。船长命令大副去叫乘客弃船。大副去了半天，结果却悻悻而回。他说："他们都不愿意弃船，对不起，我实在没办法了。"

船长只好亲自到甲板上去。不一会儿，他便微笑着回来了，然后对大副说："他们都跳下去了，我们也走吧！"

大副很惊讶，于是问船长是怎么做到的。

船长说："我首先对那个英国人说：'作为绅士，你应该做出表率。'他就跳下去了。接着，我对法国人说：'那种样子是很浪漫很潇洒的。'于是他也跳了下去。然后，我板着脸对德国人说：'这是命令，你必须跳下去。'于是德国人也跳了下去。

这虽然可能不是一件真实的事，但是却说明了一个道理——你也许已经有所感悟——我们在说话时，应该时时记着特定的听众。而在说话之前，我们应该知道这些听众是什么样的听众。具体应该如何做呢？至少有以下几点你需要注意：

谈论对方真正感兴趣的话题

你必须谈论对方真正感兴趣的话题，这是接触对方内心思想的妙方，这样的话你就已经成功了一半。每一个拜访过罗斯福总统的人，都会对他渊博的知识感到十分惊讶。波赖特福是研究罗斯福的专家，他解释说："不论是牧童、骑士，还是纽约的政客、外交家，罗斯福都知道该和他谈论什么话题。"而之所以能做到这一点，是因为罗斯福总是会在访客到来之前，翻阅一些对方特别感兴趣的资料。

使用对方所熟悉的事例

你必须使用对方熟悉的事例来说明你的观点。也许你辛辛苦苦地说了半天，却还是没有把自己的意思向听众们解释清楚。我的建议是，不妨把你的理论和听众熟悉的事情作比较，告诉他们这件事情和他们所熟悉的那件事情道理是一样的。

曾有一个门徒问耶稣，为何他总是喜欢用比喻来向大众讲道理。耶稣说："因为他们虽然在用眼睛看但是却看不见，虽然在用耳朵听但是却听不见，这样，他们自然就不了解了。"当你向听众谈论他们不熟悉的话题时，他们会有很深的了解吗？这自然很难。所以，我们需要把人们不知道、不熟悉的事物和他们已经知道、已经熟悉的事物联系起来。

当化学家向孩子介绍催化剂对化学工业的贡献时，如果他说"这种物质能让别的物质改变而自身不会发生改变"，孩子应该很难理解。

但是，化学家可以说："它就像个调皮的小男孩，在操场上又跳又打又闹，还推别的孩子，结果自己却安然无恙，从没有被人打过。"这不是更加容易使孩子们懂得吗？

避免使用专业术语

如果你是一位医生、律师或经济学家，当你打算向外行人介绍一些你的专业知识时，千万要慎用专业术语，即使用了专业术语也必须极为小心地作详细的解释。

我曾经听过无数次失败的演讲，演讲者并非没有渊博的专业知识，有些甚至还有不错的演讲技巧，但是他们的不小心却使得他们失败了，而且败得很惨。为什么？因为他们忽视了一点，那就是：一般听众对他们的行业缺乏了解，可是他们却高谈阔论，在自己的演讲中大量地使用专业术语，使得听众越听越迷茫。他们的演讲简直如同天书，所以会毫无效果。

因此，记住亚里士多德的一句话："思维如智者，说话如众人。"不过，我并没有说绝对不要用术语。当你想用专业术语的时候，你必须谨慎地向听众进行解释，这样才能使他们懂得你说话的主旨——而那些需要一再使用的关键词则更是这样。

根据对象决定如何说话

⊙必须对对方有充分的了解。

⊙当你说话的时候，不要想当然地认为对方会了解你说话的内容。

⊙尽量不要使用只有你个人才熟悉的词语。

⊙把你的话题引导到对方感兴趣的话题上来。

⊙不要大量使用空洞的词汇，你可以多举一些事例来加深对方的理解和印象。

话要说到点子上

一个朋友对你说一件他经历过的事情时这样说："我到一家公司去谈业务。那家公司在 ×× 街的转角处，门牌号是 ××。×× 街正在修马路。我记得这家公司以前不在这个位置，以前应该是在 ×× 街，也可能不是。我去那家公司遇到了……"

虽然他讲了一大堆话，但是你发现你根本不知道他想要讲什么。后来他终于讲到他在那家公司遇到了一个老同学，你才恍然大悟，明白他要讲的原来是这件事。

其实他不必说那么多话。他为什么不直截了当地把要表达的意思说清楚，却说了那么多的废话呢？那是因为他没有说到点子上。

你可能也面临过这样的困境：当你费尽九牛二虎之力终于讲完话的时候，对方却仍然一片茫然，他根本没有听出来你打算表达什么意思，直到你最后强调了你的观点之后，他才会说："哦，原来你要说的是这个！"

我们都知道这么说话的效果很差，因为你既没有让别人明白你的意思，又没有使你的话具有很强的说服力。原因在哪里？因为你没有说到点子上。

很多人在表达观点时，喜欢在最后才引出自己的结论。这是他们在中学和大学里学到的技巧。这样做导致的结果是，在得出主要观点或者结论的时候，对方早已对你所说的话没有兴趣了，因为他们已经没有足够的耐心了。这也是由于你没有抓住重点。

有人认为，说话说得越长代表说话者的水平越高。这是一种错误的看法。主祷文仅有 56 个字，如果把它的篇幅增加一点，你认为它还有那么大的感召力吗?

林肯总统在葛底斯堡的讲话也只有 226 个字，但它却流传至今。在那次典礼上，来自马萨诸塞州的爱德华·伊韦瑞特发表了长达两个小时的演讲，随后林肯却只讲了两分钟，可是你对爱德华·伊韦瑞特这个名字有印象吗?

事实上，无论事情多么复杂、道理多么深奥，都只是那么一点或者几点经过概括和抽象的认识。而这些认识，是精华，是核心，是本质。只要抓住它们，你就能使你的讲话言简意赅、简练有力。

当你和别人交谈时，你说了一大段话才把观点表达清楚，或者更糟，你自己都不明白自己在讲什么，尽管对方表现得彬彬有礼，可他们还是会面带倦容。你完全可以说得更加简练些，用尽量少的话表达你的观点，即抓住你说话的重点。

当然，如果你觉得必须用一篇论文才能说清楚你的观点，我并不反对。但是如果事情明明可以用一句话说完，你为什么非得把它说成一篇论文呢？根据我的经验，长篇大论一般都会损害你说话的内容。当你把观点写成论文的时候，你必然会用许多与你的观点毫无关系的词语来充斥你的论文，从而使你说过多的废话。

上面的道理听起来似乎很简单，但是人们往往因为各种原因，在实际讲话的时候忘记了这一点。

约翰是美国加利福尼亚的一个富翁。某年他飞往国外，准备在当地寻找合作伙伴投资建厂。三天后，该国某厂的一位经理跟他进行了商业谈判。这位经理十分能干，通晓市场行情，约翰对他十分满意。他接着对合资企业的前景作了一番令人鼓舞的描绘，约翰感到十分高兴。正准备签约时，这位经理颇为自豪地说："我们公司2000多名职员，去年共创利100万美元，实力绝对雄厚……"

约翰一听，心里想：2000多名职员一年才赚这么一点儿钱？这与自己的预期利润相差太多了，而且，这位经理还这么自豪和满意。于是约翰当即终止了合作。

试想一下，如果那位经理不说那句沾沾自喜的话，谈判就一定成功了。正是他不着边际的话暴露了他和公司的弱点，从而使他失去了这笔重要的业务。回想起来，那位经理一定会十分痛心。

我们经常看到，有的人滔滔不绝地谈论，然而词不达意或语无伦次，让人听了生厌，还有些人则喜欢夸大其词。我们在说话的时候，一定要把多余的话去掉，准备一些简单明了的话，一开口就往点子上说，千万不要生拉硬拽，令人不知所云。

话要说到点子上

⊙把废话从你的讲话里面剔除出去，那些只会使对方对你的讲话失去兴趣。

⊙可以用一句话表达清楚的事情，绝对不用更多的话。

⊙时刻不忘说话的主题，它就像一个统帅一样，把凡是不属于它率领的“杂牌兵”统统赶出队伍。

⊙训练用一些简单明了的概念来表达你的观点。

要把握说话的分寸

中国有句古话含有十分深刻的哲理，那就是：“过犹不及。”意思是说超过一件事情所要求的范围，跟没有达到它的要求是一样的，都是不可取的。

这句话运用到口才训练中也照样有用。我在前面说过，我们要鼓起勇气，站起来说话。但是我也同样说过，要多给别人说话的机会，不要使自己说得过多。不说话和说得太多，都是你当众说话时必须避免的。这就是说，你要注意把握说话量，既不能说得太多，也不能说得太少。

另外，你在说话时也要注意把握说话尺度，虽然这好像是一件十分麻烦的事情。比如，当你要赞美一个人有学问的时候，你既要让对方知道你是真心地敬佩他，也不要赞美得过分，免得让对方误解你有什么不良企图，从而怀疑你的真诚。真诚的赞美一般是符合实际情况或者与实际情况稍有出入，但是过度的赞美却是远远不符合实际情况的。比如，你看到一个患了痴呆症的小孩时，你却对他的母亲说：

“你的孩子看起来很聪明！”不论你有多么真诚，他的母亲都一定会以为你不怀好意，甚至会以为你是在讽刺她。你可以说：“你的孩子看起来很健康！”这样，效果就会好很多。

当你需要指出对方的缺点的时候，你既要让他知道自己确实有缺点、必须加以改正，又不能伤害他的自尊心。

美国陆军第542分校的士官长哈雷·凯塞在训练预备役军官时，面临着一个问题：预备役军官往往认为自己是老百姓，所以不愿按照规定把头发剪短。为了解决这个问题，以前正规军的士官长通常会对这些军官吼两声，然后命令他们把头发剪短。但是凯塞并不愿意这么做，因为这会伤及他们的自尊。

于是，他这样对军官们说道：“各位先生，你们都是领导。你们知道，以身作则是最有效的方法，所以，你们最好为你们所领导的人做个榜样。大家都知道军队对头发的规定。虽然我的头发比你们有些人的头发要短得多，但是今天我也要去理发。你们可以对着镜子看看，如果你们想做个榜样的话，是不是应该理发了？如果有需要的话，我会帮你们安排时间去营区理发部理发的。”

结果，有几个人去镜子面前看了看，下午就去理发部理了发。次日，凯塞在对军官讲评的时候说，他已经在部队里发现有些人已经具备领导者的气质了。

凯塞并没有对他的军官们进行严厉的批评，这就说明他掌握了说话的分寸，因而取得了较好的效果。

当然，你还需要在别的更多的地方注意说话的分寸。比如，你应该谦虚，但是却不能过于谦虚，否则对方会认为你很虚伪；当你被邀请站起来说话的时候，你不能一个劲地向听众表示你没有做多少准备，这样他们会厌恶你的。

不同的分寸需要针对不同的人。如果他是你的朋友，你可以对他开玩笑，他不至于对你发火；但是如果你过多地跟一个刚刚认识的人开玩笑，他很有可能嘴上不说，心里却已经对你不满。你可以对这个朋友开玩笑，却不能对那个朋友开玩笑，这并不代表前一个朋友与你的关系好一些，而是因为每个人都是不一样的。

当你决定开玩笑时，首先要注意你的这个朋友是否经得起你的玩笑以及他能够忍受的限度。如果此人平时就喜欢和大家一起开玩笑，任你如何开玩笑他都不会动气，那么你可以选择他。但是有的人虽然喜欢跟人开玩笑，但一被别人取笑就既无立刻还击的聪明才智，又无法接纳别人的玩笑，结果只能在心里生闷气，这样你最好别选择他。

还是以开玩笑为例，即使对经得起开玩笑的朋友，你也不能过分地开玩笑。据我观察，普通的一句玩笑是一般的人都可以接受的，但是如果你专对一个人开玩笑，那么这个人即使再大度也会被你激怒的。一般而言，开玩笑要避免伤及对方的自尊，如果让对方太难堪，就会失去开玩笑的意义。

分寸还要针对不同的场合。在比较正式的场合，你需要一定的礼貌，这样能使你得到别人的好感，但是也不宜过于死板；而在比较随意的场合，如果你还那么礼貌的话，你会被认为死板和不易亲近。

同样地，我在前面提到过要跟别人分享你特殊的经验，这是一种简单而有效的谈话方式。但是，这并不意味着我支持你向所有人公开自己的全部秘密，也不是要你一味地说自己的事情。事实正好相反。你只要想一想，你真的想知道邻居得了什么样的胆结石吗？你希望听你的朋友没完没了地谈论他在丈母娘家度过的周末吗？你根本不会感兴趣，因为这些东西对你没有用处。而一个人之所以对你的话题感兴趣，是因为你的事情对他来说有用。

这么说来，要把握说话的分寸确实很麻烦，但这又是我们必须要注意的。除了上面提到的问题外，下列几个方面也值得你注意：

称呼问题

正确恰当的称呼，既体现了你对对方的尊敬和你们之间的亲密程度，又反映了你的素质。人们通常对称呼十分敏感，尤其是初次交往的时候。有时称呼不当会使交际双方产生严重的交流障碍。

称呼不仅仅是一种礼貌。不论你怎么去称呼他人，你都必须强调这样的一层意思，即“你很重要”“你很好”“我对你很重视”。这一点我将在以后详细讲述。

询问健康状况

需要注意，对初次见面或你还不熟悉的人，一般不要询问对方的健康状况，这会让人觉得很唐突。只有在和很亲密的人在一起的时候，你才需要对他的健康状况表示关心。

有争议性的话题

除非你很清楚对方的立场，否则应避免谈及具有争议性的话题，如宗教、政治、党派问题等。

他人的隐私

对对方的问题可以表示关心，但是涉及他人隐私的问题则不要轻易接触，比如对方的年龄、薪酬等。

个人的不幸

不要和他人提起他所遭受的伤害，比如他离婚了或是有家人去世等。当然，如果对方提起，则要表现出关心，要让他知道你很同情他，但是不要为了满足自己的好奇心而追问他不想告诉你的一些事情。

把握说话的分寸

⊙讲话尽量符合客观实际，不要夸大其词。

⊙要拿出你的真诚来，使对方非常相信你。

⊙懂得什么时候说什么话、什么场合说什么话。

⊙把你应该说的话说完，把你的意思表达清楚，不要说你不应说的话。

说的话要引人入胜

一般而言，人的注意力很不容易集中，除非你的谈话有足够的吸引力。当你以低沉的语气围绕某一个主题平铺直叙时，对方容易感到乏味，从而导致注意力不集中。

在一次不甚精彩的演讲中，听众中间有一个人站起来离开了。他的妻子站起来对大家解释说："请原谅我的先生，他有梦游的毛病。"

连演讲的人都笑了。

如果你不想在你讲话的时候出现这样的情况，就必须学会抓住对方的注意力。如果你发现对方根本没有注意到你在讲什么，就必须改变你的话题（当然，是暂时的），或者改变你讲话的方式。

林肯是能够抓住对方注意力的，他非常清楚怎么样才能做到这一点。在做律师的时候，一天，一位老态龙钟的妇人找到他，哭诉自己被欺侮的事。这位老妇是独立战争时一位烈士的遗孀，每月靠抚恤金维持生计。不久前，出纳员居然要她先交一笔手续费再领取抚恤金，而这笔手续费差不多相当于抚恤金的一半，这分明就是勒索。

老妇人在林肯的帮助下把出纳员告上了法庭，但是被告在法庭上矢口否认他向这位老妇人要过手续费的事情。由于这个狡猾的出纳员是口头对老妇进行勒索的，在没有凭据的情况下，形势显然对老妇人不利。

轮到林肯发言的时候，无数双眼睛盯着他，想看他有没有办法扭转乾坤。

林肯用自己抑扬顿挫的声音开始了辩护。他首先把听众引入对美国独立战争的回忆。林肯两眼闪着泪光，述说爱国志士是怎么忍饥挨冻地在冰天雪地里战斗，为浇灌“自由之树”而流尽最后一滴鲜血的。

“现在历史已经成为遗迹。1776 年的英雄们，早已经长眠于九泉之下。可是他们那衰老而可怜的遗孀还在我们面前，要求替她申诉。不用说，这位老妇人以前也是位美丽的女子，也曾经有过幸福美好的家庭生活。不过，战争和岁月使她失去了这一切。她变得贫穷无依，不得不向享受着革命先烈用鲜血和生命争取来的自由的我们请求援助和保护。试问，我们能熟视无睹吗？”

发言戛然而止。人们被感动了，他们中有的捶胸顿足，扑过去要揍被告，有的眼圈泛红，流下了同情的眼泪；还有的当场解囊相助。在人们的一致要求下，法庭通过了保证烈士遗孀不受勒索的判决。

光是善良，并不一定能使林肯赢得这场官司。但是林肯巧妙地把人们——包括法官——的思维引到有利于他的一面，从而赢得了这场官司。

这就是引人入胜的好处——它能使对方被你的话吸引住，从而被你说服。你必须使自己的讲话引人入胜，这样才能吸引对方。

一位政治家跟一群农民闲谈关于政治的话题。他发现当自己讲了一大段话之后，农民们还是心不在焉，没有认真听他说的是什么。于是他给他们讲了一个幽默故事：

“三个年轻人救起一个不慎落水的政客。为了报答他们，政客说可以尽量帮他们实现愿望。第一个年轻人说：‘我希望进入西点军校，但是我的成绩不理想。’政客回答说：‘没问题，你能进了。’第二个年轻人说：‘我申请进入安娜波利大学，但是遭到了拒绝。’政客回答说：‘不用担心，你可以进去了。’第三个年轻人说：‘我希望被埋在阿灵顿国家公墓。’政客很吃惊，问他：‘公墓？为什么？’那个年轻人回答道：‘如果我父亲知道我救了你，我会被他杀掉的！’”

农民们大笑起来。政治家接着说：“看来，一般人对政治家很有偏见，可那是因为对政治不够了解……”农民们很快就认真地听政治家讲话了。

这位政治家说了一个幽默故事以吸引对方来听他讲话，他的方法十分巧妙。幽默可以营造气氛、松弛情绪，让你和对方之间建立友好的关系。如果办得到的话，在你的谈话中插入适当的幽默故事，会使对方对你的谈话更加感兴趣。

当然，以上所说的这些并不是吸引对方注意力的全部方法。我们在实际的讲话过程中，需要自己去积累、总结这样的方法，然后用到讲话中去。

一般而言，我们在做到引人入胜这一点上，需要注意以下一些问题：

风格

你必须具有自己的风格，这样才能展示属于你的东西。比如，大多数人喜欢讲话者风格明快，也不排除有人喜欢风格低沉的讲话。但是，如果可能的话，尽量使自己的讲话属于明快型的。

声音

人们听到的是你的声音，而不是其他的东西。如果你的声音很动听，而且你把握好了怎么去说每一个词句，必定能吸引更多的注意力。

语气

说话时要注意你的语气，不要太轻，也不要太重。

思路

你需要表达得更有条理，这就是你的思路。在讲话的时候，你要想清楚自己要讲什么、怎么讲、讲到什么程度，你应该把话说得清楚、果断而且有条理。

引人入胜的方法

⊙在你开始讲话的时候用幽默导入，当然，在以后也可以适当地用这个方法。

⊙可以用具体的事例来吸引人，但是你选的事情必须和你的主题有关系，并且需要适时过渡到你的主题上。

⊙在你开始讲话的时候适当地设置悬念，这样会收到很好的效果。

⊙在一次谈话中，这些方法不要使用得过多，否则你的思维会变得混乱。

第四章

修炼职场沟通能力的诀窍

与下属沟通要讲艺术

如果你是一个领导，那么你就不得不与你的下属——那些职位低于你的人——进行有效的沟通。可以说，沟通艺术是领导艺术中非常重要的一种。一个领导只有掌握了沟通艺术，才能成为一个好的领导。遗憾的是，很多领导与下属之间出现了沟通上的问题，这不仅对个人产生了很不利的影响，也阻碍了工作的顺利进行。

该如何有效地和下属进行沟通？我认为应该做到下面这几点：

清晰、明确地下达指令

很多领导喜欢长篇大论，这往往导致在他说完某件事情后，下属们完全不明白他想要表达的意思究竟是什么。这是因为领导者在下属的心目中已经建立起了某种权威，他们说的每一个字、每一句话都会作为重要信息传达到下属的大脑里。正因为接受的信息过多，下属忽略了领导想要表达的重要信息。我并不想说这完全是领导者的责任，但是至少他应该承担大部分的责任。

清晰、明确地下达指令，这是对领导者的基本要求。用简洁、有力的话表达你的意思，让它们有效地传达到下属的脑海中去。尽量让你的指令没有歧义，也符合下属能够理解的水平。你考虑的不应该光是你想要表达什么，还应该包括听的人接受了什么。不要让自己的话漫无边际，只有等下属完全明白了你的意思，你才可以这么做——而且你的确不应该长篇大论，因为下属有他们自己的工作要做，他们不是来听你的高谈阔论的。

不要朝令夕改，你的指令应该是你成熟的想法。许多领导者有许多新奇的想法，他们是高效率的“点子”生产机。他们经常会否定一个小时前的指令，而用新的指令去代替它。这让下属十分头疼，不知道该怎么去做，因为他们往往同时得到几个相互矛盾的指令。

对下属进行有效批评

当下属做错了一件事情，或者没有完成某件事情的时候，领导当然应该对其进行批评和训导。关键在于，你的出发点是想解决问题。

保持平静的态度。不要给下属一种正在被审判的感觉，你需要营造一种平和的沟通气氛。只有在这样的气氛当中，你们才能有效地解决问题。

对事不对人。在你进行批评和训导的时候，应该让他觉得你并不是针对他本人，而是针对具体的事情进行批评的。你应该平静地指出问题之所在，并且以各种方式暗示对方，你的目的只是为了使工作做得更好，而不是图一时之快。

公正地指出下属所犯的错误和应该负的责任。任何一个错误都不会只由某一个人造成，并且，你的下属当然也不希望犯这样的错误。

不要给他一种罪不可恕的感觉，你应该指出他只是造成这个错误的一分子，并且依照相关的规章制度客观地指出他应该承担的责任。

对其进行鼓励。不要忘记鼓励犯了错误的人，他们可能已经在某种程度上对自己失去了信心，急需别人给予肯定。当然，也不要忘记指导他们对错误进行改正。

随时和下属进行谈心

及时了解下属的想法和意见，是防患于未然的一个重要方法。谈心是一种最直接和最有效的沟通方式。要做到成功地与下属谈心，应该注意以下几点：

确定目标。确立你谈话的具体目标，明确谈话的主题，列出你可能和对方交换、传达的信息，然后安排好谈话的时间和地点——我认为时间和地点不应该固定化。

了解下属。彻底了解你谈话的对象。要从下属的角度出发考虑谈话中可能会出现的问题，以及谈话会对他产生的影响。

引导谈话。将谈话引导到你的预定方向上去。当然，你可能也会得到很多意想不到的收获。

让下属服从命令

让下属服从自己的每一个指令，这是领导极希望看到的事情。“拿着大棒轻轻地走路”，这个外交政策在让下属服从你方面正好适用。在你“轻轻走路”的时候，如果你能够找出别人需要什么，然后告诉对方你能够满足对方，那么你就成功地控制了你的下属。

在这一阶段你可以采取以下三种方式满足对方的需求：

称赞对方。称赞这一古老的方法依旧有效。告诉对方他干得十分出色，你实在很需要他，这样他就会听从你的命令。

让对方明白这一工作对他很有用。了解他的需求，告诉他这项命令正是能够满足他的需求的，这样他就会很自然地为你效命。

给他实际好处。告诉他如果他能够干得出色，就将得到很多实际的好处。这一方法很有用，但是你需要付出点儿东西，而上面两种方式不需要你付出什么。

如果你在第一阶段遭到了失败，不要灰心。不要忘记你是领导，把你的大棒在他面前挥一挥，这样他很可能就会听命于你。不过，你最好尽量少地使用这种方法。

巧妙地拒绝下属

当下属向你提出某个你不能满足的要求，或者提出某个你不同意的计划的时候，不要直接地拒绝，你应该学会拒绝的技巧。

对事不对人。让他明白这是公司的制度或者他的计划的确不行，对任何人你都会拒绝的。不过，你最好尽量少地以公司的制度来作为借口——如果他的确是那种可以通融的人才，不妨放他一马；如果正好相反，则告诉他你拒绝的理由。

换一种方案。为了使他容易接受，建议他换一种方案。比如，如果他想调整工作时间，但是现在公司却处在紧张的状态下，告诉他如果有同事愿意跟他调换的话，你可以同意他的要求。

拖延时间。这是一种不得已的办法，它可以帮助你暂渡难关。但是一段时间以后，对方还是会旧事重提的。不过，那时候也许你会有更加巧妙的借口。

与下属沟通

⊙态度一定要诚恳。不要以那种高高在上的态度和下属说话，否则你必将无法收到很好的沟通效果。当然，你的诚恳的态度不是一种妥协和退让，你仍然需要在必要的时候保持领导的权威。记住：过犹不及。

⊙尊重你的下属，这是对方尊重你的前提。当然，对方可能会因为你的权威而被迫尊重你，但是这不是好的办法。

⊙设法驾驭你的下属，使他们积极地工作，这是你的最终目的。其他的问题对你来说都是细枝末节。

指正别人错误的方法

我在前面已经说过，不要指责别人的错误。因为这样做的话，别人不但不会承认错误，反而会对你产生反感。当别人做错了事情或者说错了话的时候，你应该怎么做？你应该采用委婉的方式指出来。

在职场中，你仍然需要——而且更加应该——这么做。如果说亲人、朋友犯了错误，你直截了当地指了出来，他可能因为了解你或跟你比较亲密而接受你的意见。

但是在职场中，情况就变得十分复杂。你和对方仅仅是工作上的关系，如果你直截了当地指出了对方的错误，可能会引起你们之间的误会。

我将把在职场中指正别人错误的方法的重点放在领导和下属之间关系的处理方法上，因为领导和下属之间的关系更加特殊。至于同事之间如何指正错误，则可以参考我前面讲过的内容。

不论你是否承认，领导在职场中都享有权威的地位，应该得到别人的尊重。基于这样一个前提，在你指出你的领导或者下属的错误的时候，可以采用下列一些方法：

暗示法

暗示法即用一种行为或语言向对方暗示其错误。我在前面也已经说过了暗示在一般人际关系中的运用。这是一种十分常见的方法。

先说出自己的错误

“我的错误是……”以这样的话开始，对方可能会对你所说的话表示出很大的兴趣。人们似乎更愿意看别人犯了什么错误，而对自己所犯的错误并不关心。

在指正别人的错误之前，先说出自己的错误，这样更加容易掌握谈话的主动权。在心理学上，这实际上是一种平衡心理在起作用。一般的人可能对自己一个人犯错误感到不可接受，如果你提醒他自己也有错误的话，会使他更加容易接受。

提醒法

用一种轻描淡写的方式提醒对方犯了错误。在一般的交流之中，领导说的每一句话，下属都会仔细地聆听；而那些注重下属的领导也会如此。

在说话的过程中，尽量用一种轻描淡写的方式提醒对方犯了错误，这样就给了对方一个反思的空间。

“我听人说你最近心情不是很好，因此在工作上出了一些问题。”一位领导在下班走出公司的时候，对他的下属说。这位下属说：“是的，不过我本不应该把我的情绪带到工作上来的。”如果这位领导非常正式地把下属叫到办公室，对他说同样的话，效果一定会大为不同。

那些聪明的人是不需要对方强调自己的错误的，他们都会从提醒中得到一些重要的信息，而那些并不怎么聪明的人，即使对他们进行了严厉的批评，效果也不会很好。当然，如果对方犯的错误的确很严重，已经或者将要给工作带来很大的麻烦，则应该用严肃和认真的语气提出来。

先赞扬后指正错误

先肯定后否定。虽然这种方法非常老套，但是却十分管用。这实际上也是一种平衡心理的方式。用赞扬拉近你和对方的心理距离，从而创造一个十分和谐和融洽的谈话氛围，这样对方就不容易因为你指正他的错误而对你产生抗拒了。

“你一直干得很出色……”以这样的方式开头，让对方知道自己的错误是一时不慎造成的，而他并不是一直以来都如此。另外，这种方式实际上是告诉了对方你对这件事情的态度：并没有因为这件事情而否定他。

指出正确的做法

这种方法十分高明。在整个谈话的过程中——你甚至可以在许多人参加的会议上这么去做——你并不需要提到对方犯了错误，而只需要直接告诉对方正确的做法是什么，从而让对方拿自己的去和正确的做法比较。这样做的效果也许会更好。

“我十分欣赏杰克。他上班从不迟到，对工作也相当认真。”你这么说，对方肯定会知道自己在某些方面没有杰克出色，并且知道了应该怎么做。最好的方法莫过于让对方意识到自己犯的错误，并且想方设法地进行改正。

巧妙地指正别人的错误

⊙在指正别人错误的时候，以不损害对方的自尊心为前提，否则对方会不自觉地对你产生抗拒。这样，你可能收不到任何效果。

⊙指正错误的目的是让他接受并改正错误，从而对工作产生积极的态度。因此，所有的做法都应该以此为目标。

⊙上述列举的方法并不全面，你可以找到适合自己的方法。

如何批评不会引起怨恨

对一个领导者来说，如果没有掌握一定的技巧，即使你对工作十分认真负责，也仍然不是一个称职的领导。

好心做坏事是让很多领导都十分尴尬的事情，在批评下属的时候尤其可能如此。我们都不怀疑他们的出发点是好的：希望指出下属的错误，帮助下属改正错误，使其以一种更加积极的状态投入到工作当中……但是，他们也的确常常让批评发挥了截然不同的作用，那就是不利于工作。对个人而言，领导者则常常因为批评而为自己招来怨恨。

如何批评而不引起下属的怨恨？经常有人问起这个问题。答案就是，要掌握批评的艺术。具体说来，大体应该注意以下几点：

不要轻易批评别人

不要让在下属面前拿出你的气势成为你的习惯。他们都知道你的身份，你没有必要去证明这一点。不要动不动就以训话和批评别人为乐，这样只会损害你的权威。

可能他犯的是一个小小的错误，甚至只是你认为他犯了错——实际上，他完全有可能并没有错，只是意见有所不同罢了。因此，在批评下属之前，最好审慎地判断他是否真的做错了。另外，如果你把注意力集中在小错上，那么势必分散你在大的错误、大的事情上的注意力。

即使下属犯了比较严重的错误，在对他进行批评的时候，也需要用一种更加有技巧的方式。你必须考虑你的批评可能导致的结果，不要让批评产生负面效应，不然的话就会得不偿失了。

控制自己的情绪

许多领导过于意气用事，使用责骂、侮辱、拍桌子的方式对犯错误的下属进行批评，这正是让批评产生不良后果的罪魁祸首。这样做只会使批评成为领导者宣泄自己情绪的途径，而不利于问题的解决，甚至会产生更坏的影响。

当你的下属做了一件十分愚蠢的事情的时候，不要过于激动，不要冲着他大喊大叫。过于激动只会使你失去理智，做出自己意想不到的事情来。你的本意是想冲他发一顿脾气，还是想用这种方式来给他压力，使他对自己所犯下的错误印象深刻？

你应该保持领导应有的涵养和风度，和对方冷静地谈一谈。既然错误已经发生了，必须有承认它的勇气。现在最重要的事情是进行挽救，并且使新的错误不再发生。如果你认为对方已经无可救药，你应该告诉他应该承担的责任，然后把他开除或者扣他的工资。

做到实事求是

批评要以理服人，而不是用权威或者用声音来压倒别人。客观地看待下属犯下的错误，是解决问题的第一步。不要夸大或缩小对方犯下的错误，这不利于事情的解决。

很少有人因为对方气势高过自己而被对方说服。他可能点头表示你说得很有道理，不跟你争辩，但是这并不代表你已经说服了他。

实事求是地看待下属所犯的错误及其所造成的后果。要让事实说话，而不要加入自己主观的评论。帮助他客观地分析问题产生的原因和解决的办法。要知道，你们的最终目的是使工作顺利有效地开展。

给对方说话的机会

每个人的立场、经验和价值观都不相同，所以会产生许多截然不同的看法。听听对方的解释，也许他会给你一种新的解释，而这种解释会更加合理，他还有可能给你带来不同的信息。因此，不要剥夺对方说话的权利。

对事不对人

不要因为一个错误就轻易地否定你的下属，这只是一个错误而已，而且很多错误并不只是人的能力较低所造成的。千万不要说“你总是……”这样的话，更不要说他无能，这样会造成你在针对他的感觉，从而使他无法客观地面对自己所犯的错误。而且，他会产生一种抗拒的心理，想方设法为自己的错误找借口，而不是承认自己的错误。

很多公司的职员并不在乎自己的工作。如果他们认为自己的能力很强，而你针对的又是他们的话，他们可能会提出辞职。这样，损失的是公司的利益。

把批评和赞美结合起来

一些成功的企业家提倡一种“三明治”的批评方法，也就是在对别人提出批评的时候，先找出对方的长处进行赞美，然后力图使谈话在一种平和的氛围中进行，最后以赞美对方某一个优点结束。事实证明，这种批评方法十分有效。

最近亨利·哈特手下有一个工人的工作成绩大不如前，哈利并没有拿出自己的老板架子来，告诉他应该更加努力些，或者干脆把他辞掉。哈利当然可以这么做，但是这样会浪费一个人才。哈特究竟是怎么做的呢?

哈特把这位工人请到了办公室，但是并没有责骂他，而是非常真诚地对他说：

“比尔，你是一名很优秀的技工。实际上，在我们公司，像你这么优秀的职员已经不多了。你在这条生产线上已经工作了好几年，你所修的车辆得到了很多顾客的称赞。当然，最近你可能因为工作太忙了，或者别的什么原因，因此做同一件事情，你需要的工作时间比以前长了一些。我知道，这只是暂时的，你一定会想办法解决这个问题的，是吗？”

比尔告诉哈特说，他最近家里发生了一点小变故，使他不能专心致志地工作，但是他保证会尽快处理好这些事情。果然，第二天，比尔的工作效率又和以前一样高了。

受到赞美后，我们会更容易接受批评。这是人们的共性。因此，在你对犯错误的下属进行批评之前，应该适当地对他的优点进行赞美。

另外，人们在犯错误后，容易变得不自信，比如怀疑自己的工作能力，从而降低工作的积极性。

从这个意义上说，犯错误的人更加需要别人的肯定。因此，只有赞美他们，才能帮助他们战胜犯错误给他们带来的不利影响。

批评别人的方法

⊙克制自己的情绪。冲动不能解决问题，只会带来更加不利的影响。

⊙保持客观的评判标准。不要把全部的责任都推到对方身上，客观地分析错误产生的原因、经过和影响。

⊙用事实说话。不要加入自己的主观评论，事实是最有说服力的。不要因为一个错误否定一个人。

⊙给对方说话的机会。不容分说地批评容易招致反感，甚至是怨恨。

和领导交流是一门学问

如果你认为勤奋苦干就能让你在职场一帆风顺，那么你就想错了。职场是一个十分复杂的地方，并不是全部由才干和能力来决定你的前途和方向的。在这里，你的个人需求和公司的需求必须有一个恰当的结合点，你的个人爱好和工作性质可能会发生冲突……听起来让人比较沮丧的一个事实是，在某种程度上，你在职场的前途是由你的领导决定的，因此你必须得让他觉得满意，或许有些事情可能要询问同事的意见，但不管如何，你的升迁或加薪等事情毕竟最终是由他说了算的。

因此，如果你身处职场，就要学会恰到好处地跟领导交流。我给你的建议如下：

主动地与领导交流

你不一定要等到领导召唤的时候才走进他的办公室。如果你有一个工作上的意见或建议，你可以去敲他的门。我还没有见过哪位领导的办公室是不让下属进的，一般而言，他们是欢迎你的。

主动地与领导交流能够使你给领导留下一个非常好的印象，因为这代表你在用心工作——用心工作我并不反对，但是关键是要让领导知道这一点。另外，了解所有下属是领导需要掌握的一种信息和基本的工作任务，因此即使你不找他，他也会主动找你谈的。

不卑不亢的态度

领导对身处职场中的人来说的确非常重要。我在前面已经说过，他们对你的升迁和加薪等问题具有决定性的作用（即使不是你的直接领导，也或多或少具有一定的影响力）。

另外，他们的确在某些方面比你更加出色，在工作和事务上，他们也扮演着更加重要的角色。在这个意义上说，我们必须对他们保持相当的尊敬。

但是这绝不意味着你很卑微，因为在人格上，你们是平等的。传统的那种对领导一味地奉承和附和的做法已经没有多大的意义，你并不会因此给领导留下深刻的印象。

现在的领导都相信，自己需要的是那种有见识并且诚实可靠的下属。随声附和除了能够满足他们的虚荣心之外，对他们没有任何意义。因此，你需要勇敢地表达自己的观点。

要游走于尊敬和独立之间，做到这一点的确很难。但是如果你想在职场中取胜，也只能做到这一点。另外，你可以把做到这一点当作是一次挑战。

合适的表达技巧

注意你和领导说话的方式。你应该做到语气适当、措辞委婉；你应该继续维持那种尊敬和独立之间的平衡，在表达的时候要特别注意这一点。另外，为了不浪费领导宝贵的时间和展现自己的语言表达技巧，你应该言词简短——当然是要以把你的意思表达清楚为前提。

注意一些说话的禁忌。选用那些合适的词语，不要使用和你的地位不相称的词语。这些词语包括“您辛苦了”“我很感动”“随便怎样都行”等，它们会让你看起来更加像领导。

正确对待批评和指正

所谓的“正确对待批评和指正”是指，对领导所说的话，接受正确的部分，拒绝错误的部分。

领导有责任、有资格对我们进行必要的批评和指正，这样才能使我们不断地进步。他们比我们拥有更多的学识和经验，看问题也更加全面和深入，角度也更独特。因此，我们不应该因为受到批评而羞愧，甚至怨恨；我们应该很高兴才对，因为我们又可以纠正自己的一个错误了。

当意识到领导的观点有错误的时候，一般的人都会对自己的观点产生怀疑——这种怀疑是十分必要的，关键是不能因为怀疑而轻易地否定自己的观点。还有一部分人经过怀疑后确认自己的观点是正确的，但是却不作任何反应，就好像领导的话是金科玉律一样。

领导怎么可能没有错误呢？他们只是比我们少一些错误罢了。一种观点是，我们好不容易发现了领导的错误，因此不应该错过表现自己的机会。但我更加喜欢换一种方式理解，即认为这是对工作的一种认真态度。做任何事情都要把它尽自己的所能做到最好，而不是采取马马虎虎的应付态度。

当然，向领导提出我们发现的问题也不是一件十分简单的事情。虽然我们一再强调领导应该宽容、大度和理性，但是现实生活却是另一番情景。他们往往在做事的时候并不那么理性，甚至比我们还偏激。

因此，我们应该采用一种既符合我们的身份又可以被他接受的方式去提出我们发现的错误，并且说出自己不能接受的理由。当然，在任何时候，我们都应该以理服人。

千万不要当面顶撞领导，这会给领导和你自己都带来伤害。那些莽撞的，自认为有才识、有能力的下属常常以顶撞领导为乐，因为这好像能说明他的确很有才能和与众不同。也许的确如此，但是他们这样表现出来并不是很高明。

提建议

如果你的领导对你说："有自己的想法是好的。"在一般情况下，这不是客套话。一般的领导都喜欢有想法的下属，他们似乎更喜欢那些新奇的玩意儿。千万不要忘记，正是这些东西能够给他们带来好处。

因此，向领导提工作意见，是博取领导好感的一个很有效的方法——当然，其实际内容也应很不错。不过，在此之前你必须先做一些事情。首先，你应该对自己的意见或建议有十分成熟的思考，而不是仓促之间闪现的一个灵感。如果是一个建议，你最好不仅告诉他你的建议是什么，还要告诉他为什么要这样以及应该怎么做——有时候，一个点子的可执行性恰好是评判它好坏的标准。其次，摸清你的领导的工作习惯，把握好交流的时机。当然，你不能在领导会见客人或者通电话的时候去见他。尽量不要在他专心思考某个问题的时候去打扰他。

不要表露"我比你聪明"之类的想法。这种想法本身就不是事实，也没有任何好处。它对你来说是致命的错误，因为这说明，你向领导提建议的本意只是为了表明自己更加优秀而已，而不是为了工作本身。

提要求

为了谋求更高的职位、薪水或者更好的工作环境，你可能需要向领导提一些要求。一般来说，领导对提出要求的下属的态度是：理解，但也十分为难。领导感到为难的原因很复杂，其中有一些原因与下属无关，另外一些原因则与下属有关。为了使自己的要求更加容易被领导接受，你需要注意一些提要求的技巧：

不要提过高的或不切实际的要求。领导不但无法满足你那些要求，而且会因此对你产生反感。它很容易使你和领导的关系变得很糟糕。

注意你的措辞。不管你认为你的要求有多么合理，都要尽量用商量的语气跟领导说话。不要让领导觉得自己受到了威胁，或者被命令满足你的要求。他会不自觉地拒绝你的要求，即使没有太多的理由。

正确地与领导沟通

⊙正确地对你自己进行定位。你必须对领导保持相当程度的尊敬，同时也应保持自己人格的独立。

⊙在跟上司说话的时候，要尽量保持谦逊、尊敬的态度，而不要妄图扮演高傲的角色。

⊙注意和你的领导保持沟通，不论是工作上的事情，还是你个人对公司的一些想法。但是千万不要在领导面前说别的同事的坏话。

第五章

经营美满婚姻的秘诀

婚姻生活切忌唠叨不休

大文豪列夫·托尔斯泰是世界上最伟大的作家之一，他的《战争与和平》《安娜·卡列尼娜》是世界文学史上不朽的名著，他因此而拥有了耀眼的名望、财富和社会地位。但是，这些对人们来说最宝贵的东西却丝毫没有使他的婚姻变得幸福；相反，可以说，他的婚姻是他这一辈子最大的悲剧。

托尔斯泰认为金钱是一种罪恶的东西，因此他想要放弃他的作品的出版权，不再对他的作品征收版税。但是他的妻子是个过惯了奢侈生活的人，她这一辈子最重要的工作之一，就是为这个问题对托尔斯泰不断地进行责骂和唠叨。在地上撒泼打滚是她经常使用的伎俩，她甚至要挟托尔斯泰：如果他再阻止她得到这些钱，她将会服毒自杀。

由于再也不能忍受家庭和婚姻对他的折磨，托尔斯泰在他 82 岁那年 10 月的一天——那天正下着大雪——离家出走了。他宁愿在寒冷的黑夜里漫无目的地行走、忍饥挨饿，也不愿再见到那个可怕的女人。11 天后，人们发现他死在一个火车站的候车厅里，那时候一个亲人都不在他身边。而他的遗言，却是不许他的妻子出现在他身边。

当托尔斯泰去世的时候，妻子终于意识到了她给这位伟大的人物所带来的痛苦，只是一切都已经太晚了。她临终的时候对她的儿女说："你们父亲的去世，是我的过错。"听到这样的话，他们的儿女能够说些什么呢？他们都知道这是事实——正是她的没完没了的唠叨把托尔斯泰给害死了。

破坏爱情和婚姻的最狠毒的手段，就是唠叨不休。它像眼镜蛇吐出的可怕的毒液一样，总是具有巨大的破坏性，能够轻而易举地让一个美好的家庭走向破裂。当然，偶尔的吵嘴没有这么大的破坏性，这是不可避免的事情。一般的人都知道怎么去弥合吵嘴所带来的微小的创伤，而不至于使它恶化。唠叨不休的人却并不这样，他总是这么做，其结果就是造成的伤害无法弥合。

林肯最大的悲剧也不是他被暗杀——当然这也很不幸——而是他的婚姻。我们不知道当他被枪击之后，他是否感到了痛苦，但是我们的确知道，在此之前的23年里，每个黑夜和白天，他都不得不遭受婚姻的折磨。在他去世后，当他的儿子小泰德被告知自己的父亲已经进入了天堂时，小泰德动情地说："我的父亲在人间的日子一点都不快乐，值得庆幸的是，他现在已经得到了解脱。"

林肯当年的同事贺恩律师曾经说："林肯的不幸，是婚姻造成的。"的确如此，林肯夫人生性刻薄，对林肯尤其如此。她在婚姻生活的大部分时间里都在寻找和指责这位伟大人物的缺点。她总是以指出林肯的长相丑陋为乐，说他的大耳朵垂直地长在脑袋上，鼻子太短而嘴唇又过于凸出，四肢太大而头却太小。不仅如此，她还指责林肯走路时总是佝偻着身子，肩膀一上一下的，十分滑稽。她一边抱怨林肯走路没有节奏感，还一边模仿他走路的样子。

比佛瑞兹是研究林肯的专家，他在自己的回忆录中写道：“林肯夫人的嗓音十分尖，叫起来连街对面都能听到，她斥骂的声音，能够让邻居听得一清二楚。不仅如此，她发怒时并不仅仅限于语言，还包括行动等其他方式。”换作其他任何一个人，与这样的夫人生活在一起，其婚姻生活都是不会幸福的。

我们可以随便举一个例子。在林肯夫妇结婚后不久，他们租赁了欧伦夫人的房屋。一天早上，大家正坐在一起吃早餐。因为一句无关紧要的话，林肯激怒了他的夫人。她立即跳起来，当着许多人的面，把一杯热咖啡泼到了林肯的脸上。

林肯尴尬地坐在椅子上，一声不吭地忍受着。后来，欧伦夫人拿来了毛巾给他擦脸和衣服，而林肯夫人却依旧在唠叨。

当这种婚姻像恶魔一样折磨着那位伟大的总统的时候，他发现这样的唠叨和谩骂简直比政敌的毁谤更加让人难以忍受。当林肯作为律师经常到外地办理案件的时候，每到星期六，其他律师都回家和家人共度周末，林肯却从不回去。他像一个没有家庭的流浪汉一样，宁愿忍受乡下旅馆恶劣的条件，也不愿意回到地狱般的家里。

日本人针对婚姻生活不美满的原因进行了调查，结果发现丈夫对妻子不满的因素中，位居前三位的依次是：唠叨不休（27%）、性格不好（23%）、不懂得持家（14%）。也就是说，导致人们婚姻不美满的很大一部分原因是女士的唠叨不休。我认识一位女士，她不但性格温柔、善于持家，而且对丈夫也十分关心。但是就在不久前，她的丈夫却愤然离家出走了，其原因就是他忍受不了妻子事无巨细的唠叨。这一事例正好也说明了日本的调查的正确性。

这并不只是社会学家的发现，一些法律也把忍受唠叨当成了一个可以减轻犯罪人刑罚的条件。比如，瑞典法律就明文规定：如果受害人是一个爱唠叨的人，那么杀害受害人的被告可以被判为过失杀人罪。而乔治亚州的最高法院所判的案件表明，丈夫如果是为了躲避妻子的唠叨而把自己反锁在房子里，则是无罪的。他们认为，即便是住在阁楼的某个角落里，也比住在大厅里却要忍受女人唠叨来得舒服。

有不少的事例都说明了唠叨不休对婚姻的破坏作用。《电信世界》中曾经有一篇文章报道了这样一件听起来很离奇的事情：一个已经 50 岁的维修员一连雇用了三名杀手，最后终于杀死了他的妻子，其原因竟然是他忍受不了妻子的唠叨。据这位丈夫说，他的妻子总是能够围绕一件不起眼的小事说上三天三夜，这都快要把他逼疯了——事实上，从他做出的这件事情来看，他已经疯了。

一名 32 岁的坦桑尼亚男子曾经用一瓶驱虫剂过早地结束了自己的生命。人们在他的尸体旁发现了一个药瓶和一封信，他在那封信里写道：我决定立即结束我的生命，因为我的妻子总是喋喋不休。

我无意把婚姻生活不美满的原因全部归结到女人们的唠叨上——实际上，在所有这样的事情当中，另一个人也可能犯很严重的错误——我想说明的只是，如果你确实意识到自己喜欢唠叨不休，并且这种唠叨正在破坏你的婚姻生活，那么，你应该毫不迟疑地停下来。

防止自己唠叨不休

⊙让你的丈夫或者家人监督你，请他们在发现你有这样的表现的情况下，立即提醒你。

⊙尽量只把话讲一遍——如果确实很重要的话，不要超过三遍——然后忘了它。因为如果对方不愿意听你的话，即使你讲了100遍，他也会无动于衷。

⊙用更加聪明的办法达到你的目的。条条大路通罗马，不可能只有一种方法促使对方听从你。唠叨不应当是你的首选。

⊙不要把举足轻重的大事和无关紧要的小事同等看待。因为一件浴衣就和丈夫大动干戈，这样是十分愚蠢的。不要让小事影响了你们的爱情。

⊙用理智来控制你的情绪，不要让你的感情随意爆发。每个人都受不了这样的处理方式。

男人别用沉默折磨女人

蒙哥马利是英国历史上著名的军事家。他在38岁的时候，仍旧是一个光棍。直到1926年，他的生活才因为遇到了卡菲尔夫人而发生了改变。

当时，没有人想到这个声名显赫的将军会爱上一个军人的遗孀。蒙哥马利当然不在乎这一点，他在乎的只是他对卡菲尔夫人的爱情。

一年后，他们在齐奇克教区的一个教堂里举行了婚礼，正式开始了他们幸福的婚姻生活。

蒙哥马利并不像一般的军人那样脾气暴躁，在整个婚姻生活中，他几乎没有什么粗鲁和没有教养的言行；相反，他对自己的妻子从来都是礼貌有加，而且似乎有说不尽的甜言蜜语。当贝蒂·卡菲尔做了一些家务的时候，他就会对妻子说一声“谢谢”；他总是赞美他的妻子很漂亮；在平常的日子里，他也总是对妻子说一些话来逗她开心。他千方百计地使他的妻子感到幸福和满意，自己也因此得到满足。

1937年的春天——这时候，他们的婚姻已经持续了10年——当贝蒂在海边散步的时候，她不幸被一只毒虫咬了，并因为毒性发作被送往当地的乡村医院。蒙哥马利赶到医院，守护着贝蒂。最后，贝蒂在蒙哥马利的怀里安然逝去。在她临死前的几分钟，蒙哥马利还在为她朗诵《圣经》和赞美诗，但是已经不能再唤醒妻子了。

应该说，贝蒂是幸福的——我指的不仅是蒙哥马利在她死后没有再娶，而是她是他这辈子唯一的恋人——我想说的是，这个世界上的大多数女人好像都不如她那么好运，她们的婚姻生活似乎并没有这么幸福、浪漫。如果她们自己没有主动去行动的话，她们回家后看到的将毫无例外是一个冷冰冰的家庭。在结婚之前，丈夫是一个能说会道、口若悬河的人，但是结婚之后他却好像变了一个人一样，对家里的一切——包括自己——似乎都失去了兴趣。丈夫像蒙哥马利那样对自己说着不尽的甜言蜜语，这对这些可怜的妇女来说简直就是痴心妄想。

不要认为我们的切身感受是不可靠的。社会学家也告诉我们这样一个事实：结婚以后的男人是沉默的动物。女人们常常对人抱怨说："他什么都不肯说。"他不愿意说出自己为什么一回来就要躺在床上，为什么总是忘记结婚纪念日，为什么不肯打妻子为他买的那条领带。他们这么做了，但是却认为自己不需要对此解释些什么。

问题在于，正如前面我们提到的谚语所形容的那样，女人确实是用耳朵来"观察"世界的。她当然不希望吵架和怒骂，但是也绝对不想听不到任何声音。大部分的女人相信，她们是需要被关心、需要经常听到些甜言蜜语的。她们经常抱怨自己的丈夫不像以前一样赞美自己、关心自己，这似乎表示自己已经对他失去了吸引力。她们不想自己面对的是沉默的丈夫，她们不想男人用沉默来折磨自己。她们希望能够像新婚时那样听到丈夫对自己多说几句赞美的话，从而让自己高兴起来。

一个农妇表达了自己对这种沉默的愤怒，虽然有一些夸张，但是的确很能说明问题。她和大多数有工作的女人一样，每天除了自己的工作之外，还必须给家里人做饭。有一天，晚餐的时间到了，她却把一大堆草放在饭桌上。丈夫对这样的行为感到十分不解，问她是不是发疯了。这位农妇回答说："我还以为你不知道自己吃的是什么呢！我做了20年的饭，你一次也没有告诉我你吃的不是草而是饭。"

沙皇俄国时期的那些上层人物，都很明白这个道理。每当他们品尝了美味的食物之后，他们一定不会忘记对做出这些美味的厨师表示感谢和赞赏。遗憾的是，那些每餐都吃着妻子做的可口饭菜的男人们，却并不像这些上层人物那样有礼貌。他们似乎都认为自己应该得到这些东西，所以并没有在品尝食物的时候，告诉妻子他吃的不是草！

是他们懒得说，还是他们不愿说？无论是因为什么，事实是他们都保持了沉默。从这一点来说，女人的唠叨不休可能并不是因为她们天性如此，而是因为男人的沉默。她们是在用这种方式反抗男人的沉默。

众所周知，苏格拉底这个古希腊最善辩的哲学家在婚姻方面是个不折不扣的失败者。他在40岁秃顶之后，依靠自己的口才成功地博得了年轻漂亮的19岁的赞佩茜的芳心，使她嫁给了自己。但是，他们的婚姻生活并不幸福。他的那位娇妻在婚后变得十分蛮横无理，而苏格拉底也经常称她为“泼妇”。

也许一般的人会由此得出一个结论：婚姻是爱情的坟墓。但是这么想过于简单了。那些熟悉苏格拉底的人告诉我们，正是苏格拉底一手造成了自己不幸的婚姻。他在得到赞佩茜之后，开始用沉默对待这位妻子。他要求赞佩茜做一个听话的、传统的、保守的妻子，并且经常对没有达到这个要求的赞佩茜大加责骂。年轻的赞佩茜自然无法接受，因此忍不住会用发脾气来发泄心中的愤怒。而在被苏格拉底说成是“恶妻”之后，她变得越来越暴躁，最后终于变成了一个真正的“泼妇”。

因此，有专家指出，如果在婚后苏格拉底对赞佩茜还像婚前那样热情的话，那么赞佩茜是不会变成那个向苏格拉底泼污水的“泼妇”的。

事实上，另一项研究表明，因为某种无法解释的原因，男人比女人更加喜欢争辩。但是奇怪的是，男人却很少在自己的妻子面前争辩。当他们吃到自己并不喜欢的晚餐的时候，他们可能会放下饭碗去看电视，却不跟妻子解释他们为什么这么做；当他们觉得妻子的妆化得过浓的时候，他们也会不置一词。他们好像以为只有这样才会相安无事。

但是事实并非如此，我的一个成功的作家朋友就是这样的。他有一天找到我，向我说起他家中的烦恼。他像苏格拉底一样把他的妻子说成是一个泼妇，并且说她似乎喜怒无常、太难伺候。

“她的工作并不十分辛苦，”我的这位朋友说，“但是他经常一回到家就唉声叹气。她最喜欢无理取闹，常常莫名其妙地就大吵大闹起来。我并没有跟她争吵，但是家中却永无宁日。”

的确，这位作家生性喜欢安静，而且沉默寡言，他更擅长的是写作，而不是说话。

我建议他说：“你试着多陪她说说话，也许她所做的一切都只是想要你多说几句话而已。”

一个星期以后，这个朋友又来见我了，他高兴地对我说：“的确如此。我现在经常赞美她，对她嘘寒问暖。她的脾气原来还是很好的。”

在很多情况下，男人所忽视的东西往往是女人重视的东西，如一句问候、一句关心或者一句表达爱意的话——这些本来是无关紧要的东西，但是却往往能够使女人高兴起来。既然如此，为什么还要用沉默来折磨女人呢？

男人不要继续沉默

⊙婚姻并不是爱情的坟墓，如果你愿意的话，你可以使婚姻变成爱情的天堂——关键在于你怎么去做。

⊙把婚前追求妻子的激情拿出来，不要对婚后的生活感到厌倦。

⊙感谢、赞美你的妻子——当然，这还不够——会让她觉得为你所做的一切都是值得的。

⊙多说些“花言巧语”，这样做不会有坏处。如果你真心喜爱你的妻子，就要把“花言巧语”说出来，而不是埋在心里。

经常谈心可以滋养婚姻

加拿大安大略的杰克·杜蒙先生曾经给我寄了一封信，对我说了一些他对婚姻生活的感悟。他在信中说道：

“我好不容易娶了一位理想中的妻子，她聪明、美丽而且温柔，可以说是完美女人的化身。结婚之后，为了使我们的家庭更加幸福，我开始把几乎全部的精力放在了我的工作上，所以事实上把维持婚姻和家庭幸福的任务全部交给了我的妻子。

“一开始，我并没有觉得有什么不妥，只是开始感到我的家庭生活并不像想象中那么幸福。妻子常常跟我吵架，但是用不了几个小时，我们就会和好。对这样的事情，我并没有放在心上。但是有一天，我的刚满四岁的儿子突然对我说：‘爸爸，你不喜欢妈妈吗？我觉得她很好啊！’他那么说好像我是一个大坏蛋似的。他的话让我突然体会到‘妈妈’这个词的分量，然后我也体会到她作为‘妻子’的分量。我当然是很爱我的妻子的。她一直默默无闻地为我们这个家做着很多事情，而我却没有任何表示。每天回家之后，我吃着她精心做的可口的晚餐，把一天的疲倦都驱散；第二天又穿着她洗烫的衣服，精神抖擞地去上班。我觉得这一切都是应该的，这一切都很自然。

“可能在我妻子的心里，在某些时候，也会有和我儿子一样的想法：‘难道杰克不再爱我了吗？难道我做错了什么吗？’她会产生这些想法，都是我的过错。我虽然是爱她的，但是我却不能原谅自己。在过去的五年里，她从没有体会到什么是幸福的家庭生活。

“于是我找了一个合适的机会，邀请我的妻子参加只有我们俩的约会，并且跟她谈了一次心。我非常郑重地告诉她，我很爱她，就像以前一样，但是我在之前却做了许多傻事，我真心请求她的原谅。我的妻子原谅了我，她也把自己的一些想法告诉了我。她的想法原来跟我料想的一样，她的确存在过我不再爱她的疑虑。她对我说，作为一个妻子，她却不能完全了解和信任她的丈夫，这使她十分愧疚。

“那次谈话之后，我们的婚姻生活发生了明显的变化，我的妻子显得比以前快乐多了。因此，以后我又经常找时间跟我的妻子谈心——每个星期至少一次。谈心确实使我们的婚姻保持了活力，我们现在跟刚结婚的时候是一样的。”

的确如此。结婚并不只是意味着相互交换戒指，而是要让对方知道，你是多么愿意跟他（她）生活在一起。许多先生和太太感到疑惑：为什么婚前那么热烈的两个人，在婚后却显得那么陌生，或者只是像一对朋友一样，完全不再有情爱的表示。当他们完成结婚的仪式之后，他们甚至不再有正式的交谈。

当他们围绕某件事情发生意见分歧的时候，他们经常会把它藏在心里，躲在角落里生闷气，抱怨怎么遇到了这样一个不好相处的配偶——他们不大喜欢或者不好意思把自己的心里话说出来。

结果如何？很多婚姻的破裂，正是那些琐碎的小事导致的，而不是那些触礁般的大事件。而这正是因为没有沟通的缘故。想想看，如果你能够适时地把自己内心的想法跟对方说出来，难道还会有什么不可解决的问题吗？

因此，婚姻专家给我们的建议是：与你的配偶谈心，就像杜蒙那样。

“他不爱我”“她一点儿都不理解我”，这样的话我们几乎天天都可以听到。问题在哪里呢？难道真的是对方变心了吗？难道对方真的那么不负责任——在结婚的时候，对一个以后一辈子都要生活在一起的人轻易地许诺了吗？

事实当然不是这么简单。我并不打算否认存在这方面的原因，但是我仍然相信主要原因不在这里。既然两个人能够结婚，那么就应该不存在不可以解决的矛盾和冲突。问题的关键在于他们缺少沟通。

相对来说，大部分的男人更会存在这方面的问题，他们都像杜蒙先生一样。他们向人们解释说：“我每天花 10 个小时上班，每天筋疲力尽，什么都不想说，什么都不想做。至于家庭的事情，就交给我的妻子来处理好了。”

有关的调查显示，结婚后的男人每天对妻子说的话一般不会超过 2000 个单词。相对于男人平均每天说 15000 个单词来说，这个数字低得让男人们难以置信，但是相信女人们应该不会感到惊讶。男人的话对顾客、上司、下属和朋友们都讲完了，回到家里好像就无话可讲了。

如果这种行为可以原谅的话，那么下面的这一种行为就不可以原谅了。当他明明知道自己可能被妻子误解为“不爱我了”或者“有外遇”的时候，他依旧缄口不语。他并没有想到要解释什么，好像也没有想到这种猜测可能导致的后果。

让我们来想象一下没有进行及时和足够沟通的婚姻破灭的轨迹：忙碌于工作的男人认为自己最大的责任是为家庭提供足够的物质保障，因此没有时间和精力给予妻子感情上的慰藉，而此时的女人则需要得到这些。当她不能被满足时，常常会感到自己很寂寞、被忽视、被欺骗了，于是她开始抱怨，并且开始进行种种无理的猜测。这导致了夫妻关系的疏远。

男人仍旧没有注意到这一点。一开始，女人会耐心地去试图理解、吸引、引导他，但当女人打算主动跟他谈心的时候，男人却一点儿都不重视。于是，这种难以忍受的、如同寡居的生活使女人越来越容易怀疑和猜测。

女人想要挽救似乎要破裂的婚姻。于是她产生了一种焦虑的感觉，并且为此而苦恼。她开始找机会刺激他，使他尴尬、发怒，这更加加深了女人的焦虑。就在这时候发生了一件小事，他们发生了争执，女人开始借题发挥，而男人本性难移，依然忽视这种矛盾。男人认为女人是在无理取闹，一点儿都不理解自己的辛苦；认为她生性尖刻、泼辣，也许他们本来就不适合在一起。女人认为男人既然这么不重视她，于是就提出了离婚。

毫无疑问，这样的发展轨迹符合大多数情况。多么可怕！而这一切的原因仅仅是没有进行及时、有效的沟通。

因此，如果你认为存在这种危险的话，请多与你的妻子或丈夫谈心——把你心里的想法告诉对方，这样就会好起来的。

多与配偶谈心

⊙进行足够的、及时的沟通，保证你们清楚彼此心里的真实想法，这样会保证你们的婚姻幸福不衰。

⊙当你感到对方误解自己的时候，不要愚蠢地窝在心里——把它讲出来，我敢保证，对方会理解你的。

⊙让你们的谈心充满活力。不过，当你说出你的想法的时候，也不要让对方误解你是在开玩笑。

用鼓励代替指责和批评

在美国，有一位著名的女士被别人戏称为“打岔专家”。在一次宴会上，她的丈夫十分兴奋地跟朋友们谈起了某位将军的事迹。他正说得兴起，没想到这位女士插话说：“先生，不要再说了，如果你能有他一半的才能，我也就心满意足了。”她就是这样在大庭广众之下给她的丈夫泼冷水，批评她的丈夫的。这当然让人受不了。最后，她的丈夫不得不跟她离了婚。

另外，也有与此相反的例子。俄国女皇凯瑟琳统治着世界上最大的帝国，毫无疑问，她有着至高无上的权力。事实上，她是一个残忍的女人，曾经发动过许多次毫无意义的战争，杀害过许多仇敌。但是她的婚姻生活却很幸福，因为她在家里一直都是十分温和的，她从不疾言厉色地对她的家人进行批评和指责。即便她的家人犯了什么错误，她也会什么都不说，而是微笑着好像什么也没有发生一样。

当珍妮·维茜嫁给杰姆斯·克力尔的时候，许多人嘲笑这是一桩极不般配的婚姻，甚至有人说，这简直就是“鲜花插在牛粪上”。维茜是一个非常漂亮并且拥有大量财产的女孩，而她的丈夫却是一个不名一文的家伙，并且看不出有什么前途——所有人都知道他粗鲁、愚蠢而且没有教养。

维茜却不顾一切地爱上了克力尔，认为她的丈夫是当代少见的天才诗人。她几乎放弃了自己以前的全部生活，陪她的丈夫住到了乡下，一心一意地在生活上照顾丈夫。她成了一个完全称职的家庭主妇，缝衣做饭，悉心照顾有胃病的丈夫，驱散他心中的抑郁。她坚信自己的丈夫能够成功，而且总是鼓励他去做自己想做的事情。

“我从不去指责和批评他什么，”维茜在她的一封信中说，“包括他的粗鲁和没教养。正好相反，我认为这都是他的个性，而我爱的是他的全部。我总是在帮助他，这一点他一直很感激我。”

结果如何呢？克力尔最后成了爱丁堡大学的校长，他的《法国大革命》《克莱沃尔的一生》成为名著，而他们夫妻在顿查尔的住所成了有名的学者聚会的场所。

我的一位朋友的妻子——上帝保佑，我幸亏没有这样的一位妻子——总是嘲笑他的工作。一开始，他找了一份推销的工作，由于是新手，他的业绩不是很好。每当他到家的时候，他的妻子总是对他说："我的天才推销家，今天是不是又成交了好多笔买卖？但是，我怎么没有看到你带回家的佣金呢？看你的脸，不会是又被经理臭骂了一顿吧？"

这种愚蠢的嘲笑持续了很多年。不过，我的这位朋友一直没有放弃当初的那份工作。如今，他已经是那家全国有名的公司的经理了。他和他原来的妻子离婚了，现在的妻子很年轻，经常鼓励他、给他支持。而他的前任妻子却好像很无辜，她对别人说："他怎么能这么对待我呢？他穷苦的时候是我陪伴他的，但是他现在却离开了我，找了一个更加漂亮和年轻的女人。"

有什么不可以理解的呢？

你为什么不能容忍你的丈夫有一些缺点，而经常对其进行指责和批评呢？当他犯了一个错误的时候——不管他是有意的还是无意的——你为什么要不停地批评他呢？你应该做的是慷慨地原谅他。当你告诉你的丈夫，说他在某件事情上的做法真是愚蠢透顶，在这方面一点儿天分也没有的时候，那么就已经扼杀了他改变的动力和希望。批评和指责解决不了问题，它们只会使事情变得更加糟糕。社会学家一再告诫我们：批评和指责只会使家庭不和谐，使婚姻破裂。

如果我们换一种方式，即对他进行鼓励，那么情况就变得好多了。作为家人，你应该相信他有能力做好这件事情，这样他才会调动全部的积极性，投入到这件事情中去。

我上文提到的桃乐斯，她的丈夫罗伯·杜培雷一直想做一个保险行业的推销员，但当他在 1947 年开始真正从事这一行业的时候，却一次也没有成功过。一天，他决定放弃这份工作了。

“我完全失败了，”他对他的妻子说，“也许我本来就不适合这份工作。我一开始的选择就是错误的。”

也许一般的人会用批评来使罗伯改变主意，但是桃乐斯知道这是一种愚蠢的做法。她坚定地告诉罗伯，这只是暂时的失败而已。她鼓励他说：“不用担心，罗伯，我相信你一定会取得成功的。”接着，桃乐斯指出了罗伯的一些连他自己都不知道的才华，说正是这些才华能够确保他取得成功。

后来，罗伯找到了另外一份推销的工作，可是他仍旧一次一次地失败。如果不是桃乐斯的鼓励和支持，他早就放弃了再试一次的想法了。桃乐斯不断鼓励他说：“再试一次，也许你就成功了。你要知道，你有这个能力。”

“我觉得我不能辜负她的信任，”罗伯在一封信里说道，“她成功地在我身上建立了她的自信，而我正是依靠这种自信建立起自己的信心的。这就是我前进的动力。”

我们相信罗伯终有一天会取得成功的，因为对于目标而言，只要自己想要达到，最终就会达到。那种家人面对失败而灰心丧气的例子不胜枚举，这时候只有鼓励才对他有作用，而批评和指责只会导致非常糟糕的结果。

法国著名的科幻小说家儒勒·凡尔纳在未成名的时候，就像处于这个阶段的大多数人一样，投出的稿子无一例外地被退回了。他气得打算把所有的稿件都一把火烧光，所幸稿件被他的妻子夺了过去。妻子对他说：“亲爱的，你写得棒极了！我相信你一定会成功的，再试一次吧！”他又试了一次，结果果然被采纳了，并且正是这些书稿的出版使他一举成名。

如果你想改变你的丈夫或者妻子的某个缺点，你也应该用鼓励的办法。我们很多可爱的女士都会花时间打扮自己，让自己看起来非常惹人喜欢，但是约翰的妻子却是一个例外。她似乎没有打扮的习惯，只是有时候心血来潮了才打扮一下自己。我并不是说不打扮就一定不好，但是对约翰的妻子而言却是这样。她不打扮，只是因为她有一个很漂亮的姐姐。每当别人劝她打扮的时候，她就会回敬道：“不用你管，我再怎么打扮也不如我姐姐。”

她根本就认为自己不适合打扮，所以她并非不爱打扮，而是自卑的心理在作怪。约翰深知这一点，但是他并不像其他人那样，直接指出她不爱打扮的毛病，而是当妻子不打扮的时候，他就一声不吭；当她偶尔打扮了一次，他就用真诚的赞美去打动她：“你真漂亮！”慢慢地，妻子对自己的容貌产生了自信，也经常打扮起来了。

不要批评和指责你的丈夫或妻子，改用鼓励的方法，也许对方会更加乐意改变自己。

用鼓励代替指责和批评

⊙批评和指责只会使你的丈夫或妻子生气，而不会使他（她）听从你的意见。

⊙不要用傲慢的语气指挥他应该怎么做，最好的办法是让他自己愿意这么去做，而鼓励就是这样的一种好办法。

⊙当你的爱人失败的时候，他（她）需要的不是你的指责和批评，而是你的鼓励和你给予的信心。

⊙适当的鼓励不仅是一种手段，更是一种有效改善双方感情的方法。用鼓励代替指责，可以让家庭生活更加和谐美满。

第六章

让你的演讲令人难以忘怀

如何克服怯场

在一次卡耐基口才训练班的毕业聚会上，有一个毕业生面对着许多人，坦诚地对我说：

“卡耐基先生，五年前，我来到了你举办演讲的饭店门口。当时我知道，只要一参加卡耐基口才训练班，就迟早要当众演讲。因此，我的手僵在门把手上，却不敢推门进去。最后，我只好转身离开了。如果当时我知道你能让我轻易地克服恐惧——克服那种让我一面对听众就瘫倒的恐惧的话，我就不会白白浪费这五年宝贵的时间了。”

我看得出来，他说这番话的时候显得格外轻松和自信。这个人一定能凭借他学到的演讲能力和自信力，提高自己处理各种事务的能力。我非常高兴他能勇敢地面对“恐惧”这个让无数人头痛的大敌，并且最终战胜了它。

不用多说，“怯场”这个词本身就会让我们紧张。当你在演讲之前，发觉自己心跳加剧、颤抖、流汗、口干舌燥的时候，这表明你已经开始怯场——当然，还会有其他的症状。一位女士在一个房间里发现一位男士在走来走去，并且不断地自言自语。女士问他：“你在做什么？”男士回答：“我将要在一个宴会上发言，现在还差10分钟。”女士又问：“你总是这样紧张吗？”男士说：“我并不紧张。难道你觉得我很紧张吗？”女士说：“你在走来走去，并且自言自语。最关键的问题是，你现在在女洗手间里。”

上面这个故事可能有些夸张了，但是的确有人经常告诉我们：大多数人认为当着众人说话比死还可怕。对我来说，我并不相信怯场是不治之症——至少我们能够缓解怯场带来的压力。1912年我开始授课后，还不知道我的课程能帮助人们减轻恐惧和自卑感。随着研究的深入，我发现演讲实际上是一种自然的表现，学会它可以帮助人们减轻不安之感，从而鼓起勇气、建立自信。因此，我决定终生致力于帮助人们在当众说话上消除这种可怕的威胁。

我在前面已经讲过树立成功的信念的重要性。你要记住，你必须成功，也必定能够成功。另外，我还提到积极的心理暗示、借助别人的经验等，这些方法对克服怯场也有很大的帮助。这里，我不打算再详细地进行解释。以下是可以采用的克服怯场的另外几个方法。

借助自己成功的经验

鲁宾孙教授在他的《思想的起源》一书中说：“恐惧产生于无知和不确定。”确实，对大部分人来说，他们害怕当众说话主要是因为不习惯、当众说话存在不确定性，所以产生了焦虑和恐惧。特别是对新手来说，要面对许多相对复杂而陌生的环境，这比学网球或开汽车明显要困难很多。因此，只有通过不断的练习，才能把这种不确定因素变为确定因素，从而使自己感到轻松自在。只要有了成功的经验，当众说话就不再是一种痛苦，而是一种快乐了。

以下这个故事正好能说明这一点。杰出的演讲家、著名的心理学家艾伯特·爱德华·威格恩在他读中学时，曾被老师要求作一次五分钟的演讲。在准备演讲的那段时间里，爱德华一想到自己要当着那么多同学的面演讲，心里就十分恐惧。他详细地描述道：

“演讲的日子就要来了，我却病倒了。每次一想到那件可怕的事情，我就头昏脑涨、脸颊发热。我只好跑到学校后面，把脸贴在冰凉的墙面上，好让脸不再发红。

“在读大学的时候，我也还是这样。有一次，我好不容易背下了一篇演讲词的开头，但是当我面对听众的时候，脑袋里突然“嗡”地响了一下，然后就一片空白了。后来，我又勉强挤出一句开场白：‘亚当斯和杰弗逊已经过世……’之后就再也说不出话来了。我只好向听众鞠躬，最后心情沉重地回到我的座位上。

“这时，校长站起来说：‘唉，爱德华，我们听到这则令人悲伤的消息，实在是太震惊了；不过，我想我们会节哀的。’接着就是哄堂大笑。当时我真的想以死来求得解脱。之后，我就病了好几天。

“当时，我在这世上最不敢期望的，就是做一个大众演讲家。”

世事难料，爱德华大学毕业一年后，丹佛市掀起了“自由造币”运动。爱德华认为“自由造币主义者”的主张是错误的，并且他们只作空洞的承诺。为此，他艰难地凑齐了到达印第安纳州的路费，并在到达该州后，就确立健全的币制发表了演说。他回忆说：

“刚开始的时候，我在大学演讲的那一幕又浮现在我的脑海里，挥之不去的恐惧使我窒息。我讲话还是结结巴巴，恨不得立即从讲台上逃下去。不过，最后我还是勉强完成了绪论部分。虽然这只是一次微小的成功，但却使我增加了不少继续往下说的勇气。当我结束演讲的时候，我以为我只用了15分钟的时间，其实我竟然说了一个半小时。这让我极为惊讶。

“结果，在以后的几年时间里，我成了令全世界震惊的人。我竟然把当众演讲当成了自己的职业。”

爱德华认识到，要想克服当众说话时那种如同遭受灭顶之灾般的恐惧感，最好的方法莫过于首先获得成功的经验，并以此不断地激励自己。

做好充分的准备

出于职业原因，我每年都要担任5000多场演讲的评审员。这个经历让我发现：只有在演讲之前做好充分的准备，才能真正克服恐惧，建立完全的自信。这就好比在打仗之前，只有精心准备作战的武器，才能立于不败之地。

丹尼尔·韦伯斯特说过：“如果我没做好准备就出现在听众面前，就像是没有穿衣服一样。”没有哪个比喻比这更贴切了。

几年前，在一次残疾人协会的午餐会上，一位政府要员被邀请作一次演讲。这位政府要员之前并没有做好准备。他站在台上，打算进行即兴演讲，但是却不知道该说些什么。他一边胡乱开了个头，一边从口袋里掏出一沓便笺纸，打算从上面找出一点合适的东西来。然而，由于便笺纸上的内容杂乱无章，他显得更加尴尬。

他手忙脚乱地在那些便笺纸中翻来翻去，时间也一分一秒地过去。他显得越来越绝望，所以不停地向大家道歉。最后，他不得不仓促地中断他断断续续的演讲，在困窘和尴尬中走下台来。

这位政府要员就是一个最没有面子的演讲者。他由于没有提前准备自己的演讲，结果正像卢梭所讽刺的那样:“不知道怎么开始，更不知道怎么结束。”而你如果希望建立完全的自信心，就必须认真对待每次演讲，提前做好充分的准备。

如果你做好了充分的准备，你必须确信自己演讲的题目有意义。演讲题目选好之后，再根据计划加以汇集、整理。你必须具有坚定的态度、严格的要求，并以此激励自己。怎么才能让自己确信这一点？这就需要你详细、深入地研究题材，抓住其中更深层的意义。在你登台演说之前，最好先和朋友聊聊。如果他提出了一些合适的意见和建议，你就有必要对自己的演讲进行修改。这样，你就可以让自己确信：演讲题目很有意义，将会让听众受益。

要给自己鼓气

除非心存某种远大的理想，并且准备为之献身，否则，任何一个演讲者都会对自己的演讲题材产生怀疑。他会问自己适不适合这个题目、听众会不会感兴趣，因此他很可能在一夜之间突然更改题目。所以，你应该学会给自己鼓气，告诉自己：这次演讲是适合我的，因为它来自我的经验，并且我为之作了充分的准备；我比任何一个讲演者都适合作这样的演讲；我能够也应当全力以赴把它说得清清楚楚。

另外，我还打算告诉你们一个事实。社会科学家以他们的研究告诉我们，说话的人和听话的人对于紧张持有不同的看法。通常情况下，即使说话的人宣称自己已经非常紧张，但是听话的人可能完全觉察不出来。这就好像一个人脸上起了一个小疙瘩，而他自己把它想象成有西瓜那么大——这可能相当于他的脑袋的大小了。所以，不论他走到哪里，他都以为人们都在注意他脸上的小疙瘩。

但是事实却是，根本没有人注意到这一点。紧张也是一样的。它只是你心里的一个小疙瘩，和听众比起来，可能只是你感觉比较糟糕而已。

避免想那些可能使你不安的事情。比如说，你千万不要去设想你可能会犯语法错误，或突然中断讲不下去等情况，因为这些消极的想法很可能使你在开始演讲之前就没有了信心。极为重要的是，演讲之前，不要把注意力放在自己身上——集中精力听别的演讲者在讲什么，把你的注意力放在他们身上，这样你就不会过度地恐惧了。

身体调试

释放你的压力或者使它转移，你可以用这些方法：

呼吸。慢慢地吸一口气，尽量长时间地坚持住，然后慢慢地呼出去。重复这样的动作，多做几次。呼吸练习是最古老的一种释放压力的办法。生理学家说，我们可以在呼吸的时候，释放出自己身体里的二氧化碳，减少血液的酸性，而且能够增加大脑的供氧量。

伸展身体。尽量舒展你的身体 10 至 15 分钟。转动你的头部，用尽量大的力气摆动上肢，张开你的嘴巴……这些动作能够减轻你的肌肉疲劳，而且也不需要什么特定的场地。

按摩。按摩你的太阳穴和脖子。当你怯场的时候，这两处是你最容易感到疲劳的地方。

停止你的紧张的动作。比如，不要像上面我提到的那位先生那样不停地踱步和自言自语，不要大量地喝水；不管你事实上有多紧张，都要表现出你很平静的样子，让听众感觉你充满了自信。

我非常真诚地希望，我介绍的这些方法能够有效地帮助你克服怯场。

克服怯场

⊙找出自己的弱点和不足，有针对性地进行自我暗示。

⊙如果可能的话，找出其他演讲者的缺点和不足，比较自己的优点，进而建立你的自信心。

⊙把你的演讲词扔在一旁，告诉自己，用不着它。

⊙无论做任何事情，只要你坚信你会成功，你就应该一直朝它前进，不要顾虑太多。最重要的是，你要拿出你的勇气全力冲过去，如果总是不停地犹豫，你就成不了大事。

如何发表即兴讲话

几年前，布鲁克林有一位医生——我们姑且称之为科第斯先生——被邀请参加一次棒球队的聚会。在没有任何心理准备的情况下，他听见主持人说：“今晚，有一位医学界的朋友在场，他就是科第斯先生。让我们欢迎他上台给我们谈谈棒球队员的健康问题。”

科第斯医生是研究卫生保健的专家，行医已 30 多年。照理说他应该胸有成竹才对，但是由于一生中从未作过公开演讲，当看到人们鼓掌的时候，他心跳加快、惊慌失措。所有人都注视着他，他却摇了摇头，表示拒绝。没想到这个举动引来了更热烈的掌声，人们的呼声也越来越大。

科第斯医生十分清楚地知道，如果自己站起来演讲，结果只能是失败。于是他只好站起来，转过身背对着自己的朋友，默不作声地走了出去，陷入了极度难堪之中。

我不知道那些宁愿选择死也不愿发表演讲的人，在毫无准备的情况下听到“请随便讲几句”这样的话时会有什么感想。他们连那种有准备的演讲都不愿意作，在面对这种突如其来的即兴讲话的时候，会不会都像科第斯先生一样？

不幸的是，在我们的这个社会里，即使是在一般的休闲场合，我们都会经常被人问及自己对某件事情的看法，随时都有被叫起来讲几句的“危险”。

“如果给我时间好好准备，”你可能会这么说，“再让我站起来讲话，并不是什么难事。但是如果临时被叫起来，我就多半会不知所措。”

不要丧气，这是大部分人都会有的问题。他们在这种时候，都像你或者科第斯先生一样，恨不得马上找个地洞钻进去。不过，你应该明白，我这么说并不是想告诉你即兴讲话是人们的死穴——无论我们怎么努力，都不能成功地战胜这个弱点。

很多说话高手的确成功地做到了这一点。他们看起来好像永远都准备得非常充分，而不是仓促地站起来。是的，每个智力正常如你我的人，只要运用了正确的方法，通常就都能够十分得体地甚至是非常精彩地进行即兴讲话。而接下来我将告诉你，怎么样才能做到这一点。

进行有针对性的练习

许多年以前，道格拉斯·菲尔班克在《美国杂志》上发表了一篇关于益智游戏的文章。据说查理·卓别林、玛利亚·匹克福和他经常玩这个游戏。

“我们每个人分别写下一个话题，然后把写了字的纸条折起来放在一起。我们当中的一个人在其中随意抽取一个，然后站起来讲一分钟。而且，同一个题目从不使用两次……

“非常重要的是，当我们玩过这个游戏后，我们的思维全都变得敏捷了，对于各种各样的话题也有了更多的了解。但更加有用的是，我们学会了在短时间里根据任何题目迅速运用自己的知识和思想进行思考，学会了站立思考。”

我在卡耐基口才训练班上经常使用另外一种方法。我会叫一个班的学员全体行动，让他们按照顺序，承接前一位说话者的话往下说。

比如，一个学员开始精彩地说着一个故事，当他说到关键地方的时候，我突然让他停住，然后叫另外一个学员往下说。

一开始，他们觉得非常困难。我鼓励他们无论自己说得多么糟糕，都应该把它说出来。结果，虽然他们讲得不怎么样，却并没有放弃。事实证明，这样的练习的确很有效——最后他们都不同程度地提高了自己即兴讲话的能力。最重要的是，他们觉得即兴讲话也不是什么让人为难的事了。

因此，注意多进行有针对性的练习——方法当然不止上面提到的这两种——对你会有很大的帮助。像这类的练习多了，当需要即兴讲话的时候，你也就能够应付自如了。

随时做好准备

无论是什么场合，我们随时都有被要求说两句的“危险”。如果你同意我的观点，为什么不早早地做好站起来说话的准备呢？如果你正在参加一个会议，你为什么不想一想如果你站起来，应该发表什么样的意见以及怎么发表意见呢？

我班上的学员都具备一种本领，那就是随时都做好了说话的准备。因为他们知道，他们随时都有可能被我叫起来讲话。事实上，正是这种准备使得他们的即兴说话水平变得很高。因此，我给你的建议是，随时都做好准备。

你知道，当你要发表意见的时候，前提是你对这个问题已经有过自己的思考，并得出了自己的意见。因此，不要对你所参加的会议或宴会漠不关心，而应对与它相关的一些问题进行思考。

马上进行举证

当别人希望你说几句，而你因为各种原因并没有做好准备的时候，你最好立刻对你想要表达的观点进行举证。这种方法可以使你马上进入状态，忘掉暂时的紧张。相对来说，如果一件事情来自于自己的经验，描述起来并不困难。

立即进行举证的另外一个好处我已经在前面说过，那就是可以吸引听众的注意力。听众会对这种事例感兴趣的，而且这样也符合他们的节奏。因此，立即举证能使你和听众的关系更加和谐，而这对你很有利。

迅速找到切入点

不管你找没找到合适的例子，你必须迅速找到切入点。也就是说，告诉听众你想要说的究竟是什么。切入点应该从此时此地开始，我的意思是，要针对你的场合和说话对象。讲一些与当时的场合或者听众有关的事情，这样会激起他们的兴趣。

一个很好的例子是，赞美其他演讲人，并且从他们的话题中找到自己想要谈论的东西。我知道，你会用我前面讲过的三种思维方式去做到这一点的。

不要让别人认为你的即兴讲话什么都没讲，要明白你正在进行的是即兴讲话。人们并不希望你一直讲下去，因为那只是浪费他们的时间。不要像丘吉尔评价他儿子兰道尔夫的性格那样："他空有一门大炮，却没有多少弹药。"

组织你的讲话

仅仅不着边际地信口开河，把根本不相干的东西扯到一起，这样做的结果只能是失败。但是这似乎是一个很难的问题。因为如果你的很多想法和例子只是乱糟糟的一团，你就很难把它们都表达出来。如果你把你说话的布局都想好了，那么剩下的就只是用你的材料和观点把它填充起来。

我介绍几种常见的布局方式：

纵向布局。按照时间的先后顺序进行排列，或者按照事情发展的因果顺序、逻辑顺序进行排列。

横向布局。谈论几个问题的时候，或者谈论一个问题而打算用几个证据进行说明的时候，可以进行横向布局。这些问题的关系是并列的。

总分布局。对你谈论的东西进行解构，在大的标题下分列若干小标题，这样能够使你清晰、透彻地说明你的意见。你也可以通过提问或提供解决方案的方式进行布局。

递进布局。把你的谈话内容的各个层次采取由浅到深、从大到小的顺序排列，这是一种最常见的布局方式。

我相信，如果你能够遵照这些方法的话，即兴讲话也不是多么难的事情。你也许已经看出来了，我强调即兴讲话的准备工作。没错，如果你想让你的即兴讲话出色的话，最重要的还是你的平日之功。

怎么发表即兴讲话

⊙消除自己的胆怯心理。不要对自己寄予过高的期望，听众也不会这样的。相信自己能够说好。

⊙不断地练习。练习能够使你明白即兴讲话并不困难，而且能让你熟悉类似的环境。

⊙随时准备发表讲话。不要等到被别人叫起来说话的时候，才开始想你的话题。

⊙万事开头难，想办法平稳地度过开始的时间，你会慢慢地忘记紧张的。

⊙要言之有物。如果正好相反，不但听众不会喜欢你的讲话，而且你也会走向无话可说的境地。

⊙进行适当的布局。良好的布局可以使你的讲话变得更加轻松。

成功演讲的方法

我们已经讲过了演讲成功的重要性，所以并不打算在这里再次强调。我将直接告诉你如果想要演讲成功，需要注意哪些问题。下面就是你需要注意的问题：

充分准备演讲

选择你生活中有意义的、曾经启发过你的、有关人生内涵的经验，然后，把从这些经验中汲取来的思想、概念、感悟等汇集起来，进行符合你习惯的组织和安排，务必要做到胸有成竹。

记住这一点：所谓真正的准备，是对你将要演讲的题目的深思熟虑。你可以把你的思想写在纸片上——寥寥数语即可。当你演讲的时候，这些片断可能有助于你的语言安排和组织。听起来并不难吧？当然，只要多一点专注和思考，就能达到你的目的。

为了演讲的万无一失，你可以采取一种十分有效的方法，那就是在朋友面前预讲。历史学家艾兰·尼文斯对作家说："你可以找一个对你的题材感兴趣的朋友，详尽地把你的想法说出来。这种方式，可以帮助你发现可能遗漏的见解、无法预知的争论以及找到最适合讲述这个故事的形式。"你可以把你选的打算在演讲中阐述的观点，用于和朋友或同事平常的交谈中。当然，你不需要全部搬出，他们可能没有那么多时间来听你把它讲完，你甚至不必告诉他们这就是你要讲的题目。你只需在午餐时倾过身去说类似这样的话："你知不知道，有一天我遇到这样一件事情，告诉你吧！"你的朋友或同事可能很有兴趣听下去。在你讲的时候，你可以观察他的反应。说不定他会有有趣的主意，可能那是很有价值的意见或建议，你不妨听一听。即使他知道了你是在预演，那也没关系。他很有可能本来就很喜欢听你的讲话。

考虑演讲时可能遇到的问题。这些问题不仅包括与你演讲有关的，比如可能没有想到一个合适的词语，也包括会场上可能出现的各种情况，比如可能话筒的声音太小等，还有就是如果你忘记了接下来要讲什么或者你的演讲被陌生人打断你应该怎么办。只有考虑到这些问题并且想好解决的办法，才能称得上是充分的准备。

成功的演讲构架

我曾经花费了许多精力，想要寻找到一个合适的演讲构架。我希望学员们能够通过演讲材料的有效安排，一蹴而就地打动听众。我们在美国的许多地方举行过会谈，邀请了我们所有的老师对这个问题踊跃发表自己的看法。最后，我们终于得出了一个“魔术公式”。

这个公式的具体步骤是这样的：第一步，把你的观点用实例告诉听众；第二步，详细而准确地表明你的论点；第三步，告诉听众，你的演讲会给他们带来什么好处。

我们这个时代是快节奏的。听众不希望演讲者发表冗长的、闲散的演讲，而是希望演讲者能够以直率的语言一针见血地指出自己的观点，因此这个“魔术公式”特别有效。当然，我并不是说这个公式就是万能公式，因为可能还存在其他的同样有效的演讲构架，这要针对不同的演讲人、听众、演讲内容而定。总的原则是，我们的演讲构架必须使我们能够直接而有效地说明我们的观点，并且能让听众理解、接受。

随时关注你的听众

在你打算进行演讲之前，务必对你的听众有相当的了解。你必须知道他们是些什么样的人、有什么爱好、关心什么问题，否则你可能面临对牛弹琴的危险。要选择听众感兴趣的主题、容易接受的方式，还要想到他们可能会提出的问题的解决方法。要通过各种方式得到这方面的信息，因为无论如何，这种信息都会对你有很大的帮助。

在演讲过程中，你要随时和听众保持联系。不要忘了与听众沟通，你可以用你的微笑、停顿或其他动作来表示你对他们的关注，或者向他们提出一些问题。随时注意你的听众的反应：他们是紧锁眉头，是激昂亢奋，还是快要睡着了？你要针对这些采取相应的对策。

演讲结束后，你还可以对听众的感受进行调查。他们会提出一些对你很有用的问题，这样对于完善你的演讲会有很大的帮助。

形成自己的风格

我曾经对100位著名的商业界成功人士进行过一项测试。结果发现，在促成一个人成功的因素当中，个性的因素远远比智力因素重要。

同样，这个结论对演讲者来说也十分重要。成功的演讲者一致认为，除了充分的准备之外，个人风格是演讲成功最为重要的因素。

我们需要认识到这一点：演讲并不仅仅是讲话，还包括讲话的方式。作为听众，他们并不是机器，他们能够强烈地感觉到你的眼神、动作、表情、个人魅力等东西，而且对这些东西的关注，甚至超过了你的讲话本身。而这些东西恰好构成了你的风格。没有人愿意听一个他不喜欢的人讲两个小时。

每个人都可以形成自己的风格，这种风格并不只是跟你的个性有关，还包括许多细微的东西。可以说，你的任何一个细节，如果能够给听众带来一种愉悦感的话，那么你就应该毫不犹豫地加以利用。

幽默、机智也是个人的风格，它能够反映你本身的修养和性格。

总之，只要是能够博得听众的好感的个性，你都应该运用，并且将这种个性清晰、具体地展现出来。

成功演讲的方法

⊙必须从演讲者、演讲内容和听众这三个方面对你的演讲进行思考，不要忽视任何一个方面。

⊙充分地进行准备，这是保证你演讲成功的首要因素。演讲之前，要确认自己已经准备妥当。

⊙要注意你演讲的方式、说明问题的方法，以及你的个人风格。方式恰当与否不但影响你所表达的内容，而且可能决定演讲的成败。

⊙关注你的听众。演讲是讲给他们听的，而不是自言自语。

演讲过程中的应变技巧

我曾经听过一个一开始可以说是非常成功的演讲。演讲人的开场十分吸引人，他声情并茂、幽默风趣。当演讲进行了大概 30 分钟的时候，演讲人突然站在原地一动不动，做出了一个思考的动作。我不得不说，他的思考的动作做得十分潇洒——但是持续得太久了。接下来，听众都开始知道，他忘记了自己想要讲的内容——他手足无措，连连向听众道歉，并且头上也冒出汗来。虽然我们都希望他能够想起来，但是最后，他终于没有能够再继续往下说，而是满脸通红地走下了讲台。

明明是一次经过苦苦思索、精心准备的演说，本来极有可能取得成功，但是却遇到了这种意外的情况，这让我感到遗憾。是的，像这位先生所遇到的这样的场景经常会出现——由于演讲者没有妥善地进行处理，使它变成了一个演讲的“杀手”。我十分不希望你像他那样——或者说，不像你以前经历过的那样——而是希望你能够从容地进行处理。为此，我将告诉你一些应变技巧。

沉着冷静

美国著名的主持人哈利·范·泽西在年轻的时候，曾经犯过一个十分低级的错误。那时候，他正通过广播向全美国的听众介绍一位著名的人物：“女士们、先生们，接下来为我们演讲的是美利坚合众国总统——胡伯特·西佛，请大家欢迎。”我不知道当时的胡佛总统有什么反应。不过，这种错误并没有给这位主持人造成太大的影响。事实上，他依然是我们最喜爱的主持人。

我想要说的是，即使犯了一个错误，也不会给你带来天大的灾难——天塌不下来，甚至不会有任何较大的影响。就算是最好的演说家，或者各行各业里的杰出人物，他们也都难免会犯错误。如果你犯了错误，最好不要惊慌失措。一句古话说得好：“不做错事的人，是不做事的人。”因此，即使你在演讲中像哈利·范·泽西那样犯了错误，也大可不必那么慌张。你要告诉自己：冷静下来！慌张并不能解决任何问题，只有先冷静下来，才能采取一定的补救措施。

演讲过程中遇到的意外情况，当然不只是自己忘记了接下来要讲什么，或者说错了一个词。当外在因素干扰了你的演讲，你也需要冷静。冷静地对待那些冒失鬼或者处理一些情况，这才是你必须要做的。

我接下来要讲的各种技巧，都是以演讲人的头脑冷静为前提的。

忘词时的应对技巧

在我们演讲的时候，忘词是一个经常遇到的问题。许多人为了避免自己出现这种情况，会把演讲词背得滚瓜烂熟。我相信，这是一个办法，但绝对不是好办法——或者说，这是一个防止忘词的好办法，但绝不是演讲的好办法。

我在前面讲过，我们只有脱离演讲词进行演讲，才能进入自然的演讲状态。而且，即使背诵了演讲词，也不能防止你的大脑在演讲的时候会出现“短路”或者“真空”的情况。这时候，由于你只是机械地记住了演讲词，因此一旦忘记，补救是十分困难的。

忘词包括两种情况：一种是忘记一个词或一句话，另一种是忘记接下来要讲什么。这时候，不要像猴子一样急得抓自己的头皮。你必须集中精神，争取在几秒钟之内想起这个词语或接下来要讲什么。在你想的过程中，你需要用一定的动作或语言向听众证明一件事情：你并不是忘词了，而是在想一个更加合适的词语，或者是另有所图——给听众思考的时间、故意停顿以引起听众注意之类。你可以重复一下你前面说的内容。如果你实在想不出来，第一种情况下，考虑用另一个词或另一句话代替，第二种情况下，把你能够想起的另一段先讲出来，然后再慢慢地想你所忘记的内容或者干脆自由发挥——但一定要紧扣主题。总之，不要让听众等得太久，否则他们会失去耐心的。

口误的处理

如果你发现自己说错了某个词或者表达错了某个观点，而你想改正过来，这就需要相当的技巧了。关键是，不要因为口误而影响了演讲的连贯性、完美性与和谐气氛。

直接道歉。几乎所有人都会犯错误，所以听众会原谅你的。但是由于这种方法过于直接，因而可能会影响演讲的连贯性。

继续下一话题。忘记你的口误，装作什么都没有发生，但是在你快要结束的时候，问一问听众是否注意到你犯了一个错误。这就是告诉听众，你在检验他们注意力是否集中。

现场改错。一位演讲家在发生一个口误之后，马上大声地说道："朋友们，难道你们认为是这样吗？"这种方法十分有效。

意外事件的出现

当你在演讲的时候，一位听众匆匆推门进来，手忙脚乱地寻找座位，或者当听众都在聚精会神地听你的演讲时，某人发出了奇怪的声音，这时候，听众的注意力都被这种意外事件吸引住了。意外事件指的是自己不曾预料到的、并非直接由自己导致的事件。它的处理更加需要应变能力。

我无法提供万能的答案，事实上，我在前面已经提到过一些基本的方法。应对突发事件最重要的一点是，把这种意外事件变成对自己演讲有利的事情。

一位演讲者演讲的时候，突然停电了，演讲大厅里一片漆黑。这时候演讲者的声音清晰地传到了听众的耳朵里："看样子，现在我们不得不在谈论的主题上发一些光。"这句话吸引了听众的注意力，使演讲得以继续进行。

还有一个故事，有一次，一个国会议员正在发表演讲，听众们则在聚精会神地侧耳倾听。突然，其中一个听众的椅子坏了，那人也跌倒在地。这种情况的出现是议员始料未及的，他担心这会分散听众的注意力，从而直接影响到演讲的效果。议员急中生智，提高音量对听众说："各位现在应该相信，我刚才所说的理由足以压倒一切了吧？"这句话十分精彩，立即赢得了听众热烈的掌声。

演讲中的应变技巧

⊙必须冷静、理智地去想解决问题的方案，这样才不至于错上加错。

⊙当忘词的时候，争取时间让自己想起来，或者换别的方案，不要让听众长久地等下去。

⊙不要为自己的错误而忐忑不安。最重要的是，告诉听众一个正确的答案，并且不要使它影响到你的演讲。

⊙应对意外事件需要足够高的技巧，原则是化不利为有利。

第七章

如何展开一场高效谈判

谈判要讲究策略

对于一个谈判者而言，他考虑的是在对方同意的情况下，得到自己想要的东西，因而谈判技巧的运用显得极为重要。我们先看一个谈判失败的例子，也许这更加能够说明问题。

劳资之间的矛盾一直在社会中存在着。一次，一家钢铁公司的劳资双方由于第一轮谈判的失败，使情况变得十分糟糕。当时，正像在通常情况下一样，其中的一方说："我们需要更多。"这当然就意味着对方要给予得更多。这样一来，双方都不会轻易同意谈判条件。工人们最后实行了罢工。而实际上，即使工会取得了胜利，他们所得的补偿也将远远低于自己罢工期间所损失的工资。而对公司来说，他们因为罢工也遭受了很大的损失。对双方而言，他们都是受损的。

在大多数情况下，一次失败的谈判会使双方都遭受损失，而如果运用一定的谈判策略，就能达到一种双赢的效果。

比如，在劳资之间的谈判中，工厂方面答应给对方提高薪水，改善工作环境，而工人们则答应做出更好、更优的产品，提高生产效率，这样就为对方都带来了利益。

一位职员走进老板的办公室，对老板说：“在这样的工作环境中工作，我要求加薪水。”老板多半会对这个要求表示厌烦，从而拒绝这个要求。但是如果他对老板说：“我希望能够改善工作环境，这样我可能会有更高的工作效率。”老板则会选择为他加薪水。

谈判策略对谈判的成功的确具有很重要的作用。在谈判过程中，应该运用以下的策略：

就事论事

跟你谈判的人，绝不会是你的敌人——如果是的话，你们已经没有谈判的必要了。把对方和你们所谈论的问题分开，否则你将没有办法理智、客观地看待这个问题。不管事实如何，都要想象你的对手是一个理智、有礼貌和讲道理的人，你们正在就共同的利益达成一致的意见，而不是在相互争夺利益。你们正在商量，而不是在争论。

把注意力放到事情上，而不是你个人的感觉和情绪上。不要想当然地认为事情如何，你应该看到实际情况，因为那些主观性的东西往往会影响甚至决定一个人对某件事情的看法。

你们正在解决分歧，因此你需要保持开放的头脑，而不要被成见和思维定式所束缚。就这件事情本身而言，要用正确的方法去思考，而不能你以前怎么样判断或解决这件事情，现在还要那样做。每一件事情都会有它的特殊性——虽然也有不少的共同点，关键在于，你不知道决定这件事情性质的究竟是哪种特点。

因此，你最好实事求是地从讨论的事情本身去思考解决的办法。

告诉对方自己很了解他

在谈判的过程中，许多人担心自己的观点没有很好地被对方所了解。如果你能够让对方知道你对他的观点已经十分了解，甚至告诉对方你知道他观点背后的一些想法，那么效果一定会很好。

要做到这一点，首先需要从对方的立场去思考问题。移情是常用的一种思考方法，它可以帮助你了解对方。试着把自己想象成对方，想象他处在这样的情境之中会有什么想法和感觉、想要得到什么，以及会想什么办法来得到这些东西。但是，千万不要以自己的心理来随意揣度别人。

积极地倾听对方的意见，这一点至关重要。他的语言代表了他部分重要的思维，而他所表达的信息是你了解他的思维的重要渠道。即使他没有把自己的真实想法表达出来，你也可以从他的语言中找出一些蛛丝马迹。倾听对方的意见当然是了解对方的最直接的手段。

最后，你需要用真诚的态度表示自己很了解他，并且很理解他。如果有必要的话，你可以适当地复述一下他的观点或陈述一下他的需求。

坦白自己的需求

在谈判的过程中，坦白自己的想法是一个争取别人信任和同意的好办法。每个人都希望别人能够把心里话表达出来，并且坦率地和自己分享他的想法、感受和需要。任何人都喜欢跟真诚、坦率的人打交道，而且这也并不是什么见不得人的事情。

比如，在面试的时候，你对主考官说："我没有什么经验，但是这对工作没有很大的影响。我认为对一个人来说，最需要的是能力和奉献精神，而这两点我并不缺。我需要一个证明的机会。"当你毫无保留地把自己的想法表达出来的时候，谈判可能会让你收到意外的好效果。

挑明对方将得到的利益

直接挑明你们的共同利益和对方的利益，这一点胜过千言万语。冲突和矛盾当然意味着一些立场的对立，但是更多的却是共同利益的存在，而这正是人们进行谈判的原因。有时候对方坚持某项要求，并不是因为这项要求很重要，而是因为这种坚持的象征意义很重要。因此，你需要了解哪些是对方真正感兴趣和觉得很重要的利益。在你了解了对方的需求之后，最好反复强调能够满足他需求的那些利益。

运用迂回策略

如果你在谈判的时候遇到了很大的困难，不要灰心丧气，你可以运用我前面说过的那种迂回的方法，来达到你的目的。英国人哈利说："在战略上，迂回的包抄常常是达到目的的最佳途径。"这句话恰好说明了迂回的重要性。有时候，直接的方法可能会使你失去方向，而间接的方法却能够使你达到目的。

的确，如果你只想用直接的方法去达到你的目的，有时候会十分困难。当大路走不通的时候，为什么不走小路试试看呢？

列出合适的选项

列出选项意味着谈判进行到了最后，将要进行决策了。对一次谈判而言，这是最关键的时刻。这时候，你已经对谈判的方向非常了解，并且通过深思熟虑已经得出了一些解决的办法。这些选项应该是符合双方的共同利益的——如果仅仅是从你的立场出发，那么它们不会给你带来任何好处。

在列出选项的时候，应该抛弃那种蛋糕只有一种最佳分法的想法，而应该考虑其他方法。甚至你不应该限定蛋糕的大小，而应该想办法使蛋糕变得更大。另外，你也不应该认为只有自己才能取得最大的那份蛋糕，因为这可能会使你失去更多。总之，你应该考虑得更加长远和全面一些。

谈判中的若干策略

⊙了解你的对手。你的对手并不是你的敌人，而是寻找共同解决办法的朋友。你只有了解了这个朋友的想法、立场和需求，才能采取相应的对策。

⊙把你们的利益摆到谈判桌上，把它们当作公开的东西，并且开诚布公地进行讨论。把你的需求也展现出来。

⊙就事论事，不要把自己的主观想法和情绪带到谈判桌上来，这会影响你的判断力。

⊙如果你没有弄清楚对方的想法和需求，不要急着给出选项。选项会使你的意见带有导向性。

必要的时候可以妥协退让

电器设备供应商泰茨公司生产的电机产品在国际上都处于先进水平，而且型号齐全、服务完善。当公司打算进军波士顿的时候，那里的市场已经被另一家电机生产公司——肯德公司占领了。泰茨公司一直在努力争取，却无法占领一席之地。后来，他们了解到肯德公司正打算引进电机设备，于是就派了业务员和对方进行谈判。为了能够打破肯德公司的垄断地位，泰茨公司在价格上做出了很大的让步，最终和对方达成了协议。虽然这种让步让他们得以进入波士顿市场，但是他们在波士顿的产品价格却比在其他地方低了很多，而且提价也变得十分困难。

这个案例给了谈判者一个印象，那就是在谈判中不能让步，否则对自己会很不利。他们认为，泰茨公司完全可以依靠自己性能优越的产品和完善的服务跟肯德公司竞争，最后也一定会取得胜利。

的确，在谈判中，泰茨公司在价格方面的大幅让步，使得他们以后的经营陷入了不利的局面。但是，他们公司的错误，不在于在谈判中做出了让步，而应该在于在价钱方面做出了让步。因此，不能因为这个案例否认让步在谈判中所起的作用。我们完全可以想象，如果泰茨公司咬紧牙关一点儿都不让步，他们肯定就无法进入波士顿市场。

实际上，在谈判的过程中，谈判的双方不可能都没有让步，否则就无法达成一致。既然是谈判，那么就必然存在沟通的空间。正如我们前面所说的那样，谈判者只是在尽量使达成的协议朝着对方的底线运动，而并非一成不变地进行交谈。可以说，正是让步使谈判变得有意义。

必须强调的是，谈判者的让步也不是没有目的、毫无意义、无原则的妥协退让。有的谈判者在谈判的过程中，不打算做出让步；与此相反的是，有的谈判者为了达到某个目标，进行了毫无原则的妥协退让。两种做法导致了不同的结果，但是对谈判者来说都不是好事。前一种做法使谈判者失去了和对方达成协议的机会；采取后一种做法尽管更有可能和对方达成协议，但是这种协议对己方来说是不利的。

在谈判的过程中，有些时候应该坚持自己的观点，有些时候则应该做出一定的让步。把握好这个分寸是十分困难的。因此，我们在谈判中必须讲究一定的策略，即在必要的时候让步。谈判者在谈判中让步，一般都是希望对方也同样能够做出让步。这样做有两种作用：一是用自己的让步来满足对方的需求，对方才会满足自己的需求；二是表达自己的诚意，表示自己希望协议达成。

在谈判的过程中，应该把让步当成是谈判整体策略的一部分，当成是为了达到自己的最终目标做出的一点儿牺牲。因此，应该有计划、有步骤地进行让步。在谈判开始之前的准备过程中，谈判者应该对自己可以做出的让步和对方可以做出的让步有清醒的认识，而不应该毫无头绪。正如我前面所说过的那样，要考虑对方的底线和自己的底线，因为这两条底线是让步的最终参考对象。

是否让步、如何让步，这是关于让步的两个基本因素。下面我简单地介绍一些在让步时必须掌握的原则：

最好不要首先让步

在谈判的初始阶段，不要因为急于达成协议而匆忙让步。在大多数情况下，首先让步的人会处于被动的局面，因为这似乎说明他更加希望达成协议，这个谈判对他来说更加重要。在这种情况下，对方一定会更进一步提出自己的要求，在心理上也会占有优势。

因此，尽量不要首先对对方让步。你必须保持对自己产品或服务的信心，让对方认识到自己的实力。当然，在适当的时候，你应该通过让步来表示自己的谈判诚意。但是，你必须让对方明白，自己是不得已才做出让步的——这种让步是积极的让步。

只能在次要问题上让步

因为让步是无关于原则问题的，是为了达到自己的总体目标的，是谈判整体策略的一部分，所以，可以在一些次要的问题上进行让步。这样的让步不会使你做出太大的牺牲，而只会使你赢得最后的胜利。

与此相对应的是，不能做出原则性的让步。这种让步会使你失去自己的目标，最后无法达成有利于自己的协议。这就好像你跟对手谈了一个小时，结果达成的协议却对自己完全没有好处。这种无原则的让步当然是不可取的。

在损失很小的时候让步

如果那些在次要问题上的让步会导致你损失很大，那你也一定不要让步。在特定的情况下，次要问题的让步可能会带来比原则性问题的让步更加严重的后果。不能简单地用主要还是次要的标准来分析。在很多情况下，次要问题的让步也可能会给你带来无法承受的损失。

每次让步小一点

如果你让步过大，对方可能会错误地估计你的底线，因此你会更加难以取得效果。比如，作为卖方，你如果作了较大幅度的降价，这必然会让对方怀疑你的产品并没有想象中的那么好，而如果你每次都只是采取很小的让步，对方会认为他差不多已经使你达到了底线。因此，你们更加可能较快地达成协议。

估计自己的让步的价值

自己每次做出一定的让步，都要判断自己的让步在对方心目中的价值。在此之前，你已经掌握了对方的一些信息，了解到了对方的策略和底线等一些重要的问题，因此，你可以准确地预测到自己的让步所产生的影响。有时候，对你来说是很小的让步，而对方却很在意，这种让步是理所当然的，而对于那些连对方看来都并不重要的东西，你也就没有必要让步。

拒绝对方让步的要求

当对方提出让步的要求时，你应该对要求进行仔细的考虑，务必做到慎重地作决定。有时候对方所提的要求对你而言并不是什么大问题，但是有时候却与你的原则相冲突。在后一种情况下，你应该拒绝对方的要求。

不要因为你需要达成协议就轻易答应对方的要求，因为对方也有同样的需求，否则你们就不会坐到一起来谈判了。

谈判中的让步

⊙让步只是你谈判整体策略的一部分，你应该有计划、有效地让步，应该使你的让步发挥重要作用，而不是作无谓的牺牲。

⊙让步并不是一味地妥协退让，它只是在适当的时候采取的一种策略，因此你绝对不能违反你的原则。

⊙要使让步成为你表明谈判诚意的标志，而不是表明自己实力的不足。在很多情况下，那些不适当的让步反而会带来进一步的被迫让步。

⊙不要让你的对手得寸进尺，在他们得到好处的时候，提醒他们也应该让你得到好处。

把握谈判中的陈述技巧

陈述技巧是谈判中的重要技巧之一。陈述是谈判者向对方介绍自己的情况，阐明自己的某一个观点或看法的基本途径，是让对方了解自己的想法、方案和需要的重要手段。

陈述技巧对谈判者来说至关重要。关于这一点我不打算进行详细论证，而只会在下面直接介绍一些技巧。

像所有的陈述性语言一样，谈判中的陈述跟一般的陈述有很多相同的地方，也有比较特殊的地方。其特殊性在于，谈判要求能够更加快速而准确地说明一个问题，而且谈判的针对性更强，它要求谈判双方能够直接解决某个问题——众所周知，谈判可能是人们在更加迫切地需要解决问题的时候采取的一个方法。正因为如此，谈判者需要具有更高的陈述技巧。它要求谈判者不仅能够清晰明确、言简意赅地把自己的想法表达出来，而且能够吸引对方的兴趣，满足对方的需求，并且具有相当的说服力。

我们很难想象一个没有掌握好陈述技巧的谈判者能够在谈判中取得成功。一般而言，谈判会有两种结局：一种是谈判达成了对他不利的协议，另一种是谈判无法成功。导致这两种结局的原因多数在于，他甚至无法清晰地把自己的想法表达出来，更不用说说服对方满足自己的需求了。

谈判中陈述的语言要点

坦诚。许多谈判者在谈判的过程中闪烁其词，似乎在隐瞒自己的想法和动机，这样势必会给对方留下一种不真诚的印象，从而影响谈话气氛的和谐。在谈判中，谈判者应该把自己的想法和需求明白地表达出来。只有这样，对方才能知道你的想法，或者满足你的需求。另外，把对方想了解的情况告诉对方，这样你才能得到对方的信任，从而了解对方的想法，并最终达成一致。当然，你只需要在一定程度上坦诚相对，因为在某些时候，绝对的坦诚可能会被对方利用。

简洁明了。应该尽量使自己的话简洁明了。谈判的目的性和紧凑性不允许你发表长篇大论，你们需要的是马上找到一个明确的解决方案。不要使用过多的论据和技巧，这样会使对方无法抓住重点，并且认为你说了太多的废话。事实证明，大多数谈判者都对那些有着虚华文采的夸张字句很反感，并且会在谈判的过程中显现出不耐烦。直接说出你要表达的观点，并且进行必要的解释和说明，这样就足够了。

使用合适的语调和语速。很多谈判者急于表达自己的观点，希望尽快说服对方同意自己的意见，以快速地达成协议，因此总是非常急促地说话。这样做的后果是对方并不明白他说了些什么，并且对此颇不耐烦。另外，有一些谈判者总是打算用气势压倒对方，似乎希望对方连话都不要讲，想用这种方法赢得谈判的成功。这样做的后果是对方干脆保持沉默，但是也绝不会同意他的观点。这两种做法的结果都是谈判破裂、无果而终。因此，不要试图用咄咄逼人的气势去压倒对方，最好使用平和的语调；也不要使用过快或者过慢的语速，只要对方能够听得清楚就行。

正确处理专业术语。在谈判中，为了使你看起来更加有实力，你可以使用一些专业术语。但是，有一些谈判者对专业术语的处理方式令人失望。他们抛出一个专业术语之后，往往不作任何解释，就直接运用在谈话中。他们想当然地认为，对方应该明白自己所说的词。实际上，即使是在商业谈判中，那些谈判者也未必就一定是专业人员，他们更多的可能是业务人员，更不用说其他类型的谈判了。只有对那些专业术语进行恰当的处理，如询问对方是否懂得自己所说的意思，或者干脆进行一些简单的说明，这样效果才会更好。

谈判中的语言陈述技巧

缓冲语言。在谈判的过程中，谈判双方的观点难免发生冲突，双方的需求自然也会有矛盾。为了使自己的想法和观点更加容易被对方接受，或者为了改变对方的某些看法，你需要使用一些缓冲这种对立的语言技巧。比如，“你的观点有一定的道理，但是我有另外一些想法，不知道对不对……”这样你既没有直接指出对方观点的错误之处，也没有抬高自己的观点，而是以一种商量的口气表达了自己的看法。对方的观点得到了一定程度的肯定，所以对方不会对你产生反感，也不会对你的观点产生抗拒，因而也更加容易接受你的观点，或者至少能够平心静气地跟你一起讨论。

解围语言。有一种情况是所有谈判者都不愿意看到的，那就是谈判似乎马上要破裂了。谈判双方出现了难以调和的矛盾和冲突，气氛也变得紧张起来。双方好像站在了完全对立的两面，因此都陷入了尴尬的境地。这时候，需要运用解围语言来处理这种局面，比如，“我觉得我们这样做，可能对谁都不利”，指出谈判正朝着危险的境地发展。对方也一定不愿意看到这样的情况出现，而你也表达了你希望谈判成功的诚意，因此这一般会使气氛变得好起来，双方也更有可能达成协议。

弹性语言。我们在前面已经说过，应该针对不同的人说不同的话。这并不是说要改变自己说话的内容，而只是要改变说话的技巧而已。在谈判中也应当如此。如果对方谈吐优雅、文明有礼，谈判者也应该尽可能使自己文雅一点；如果对方朴实无华、语言直接，那么谈判者也不必使用那些高雅的词汇。这种做法能够快速而有效地缩短谈判双方之间的距离，更加有利于沟通思想、交流感情。

肯定语言。即使对方说了一些愚蠢的话，你也不要直接指出来。你应该尽量看到对方正确的地方，并且诚恳地加以称赞。你无法使一个受到指责的人同意你的观点，除非你肯定他。更加重要的是，千万不要在谈判结束的时候说一些否定性的话，这样会使谈判以一种不愉快的方式结束，也会对以后的交流产生很大的影响。你应该告诉对方，这次谈判让你收获不小，跟他谈话是令你很愉快的事情。

谈判中的陈述技巧

⊙谈判是一件很严肃的事情，这要求我们认真对待谈判和谈判对手。但是我们不能因为谈判的严肃性就使自己的表情显得严肃，而应该使用一种对方更加容易接受的方式，努力营造和谐、融洽的谈判气氛。

⊙注意谈判中的语言表达技巧。尽可能地把话说得清楚、明白，让人听起来更加舒服。另外，坦诚地表达你的观点，这是使对方坦诚的前提条件。

⊙使用一些合适的语言陈述技巧，使谈判朝更加有利的方向发展。

谈判中如何拒绝

谈判就是为了满足双方的要求而彼此参与的过程。每个人的需求不同，因而会展现出不同的行为和表现。虽然我们希望谈判双方能够配合默契，顺利地完成谈判，但是大多数情况下，利益冲突导致的问题还是会不断地发生。鉴于要营造一个平和、融洽的谈判氛围，以使谈判能够成功，我们不能直接拒绝或否定对方，而是必须进行有策略的拒绝。

在下面这个十分经典的案例中，谈判的一方使用了一种极高的拒绝策略，使原本对对方有利的局面变成了对自己有利的。

美国有名的电器生产商海锐公司和另一家不怎么有名的公司进行商业谈判，希望能够把电器设备卖给那家公司。那家公司的三个采购代表看起来像他们的公司一样不起眼，而海锐公司的谈判代表则准备得十分充分，并且似乎十分精于谈判。

海锐公司的谈判代表约翰和他的同伴们的表现是压倒性的。他们在一开始的时候拿出准备好的一大堆图表、图像和数字，无可辩驳地说明了他们公司的电器产品是最合适不过的。等他们介绍完自己的产品之后，两个小时已经过去了。而对方在整个过程中一直安静地坐在沙发上，一句反驳的话也没有，只是默默地听着。

约翰说完之后吐了一口气，轻蔑地对反应迟钝的对方说："你们觉得怎么样？"

其中一位采购代表彬彬有礼地说道："的确，你讲得十分精彩，但是我们却不大明白。"

约翰惊诧地问道："你们不明白？我们讲了这么久，你们居然说不明白？那好，你们不明白什么？"

采购代表说道："所有事情。"

锐气十足的约翰感到不可思议，因为他们的介绍是十分详尽而且颇具说服力的，但是他只得问道："你们从什么时候开始不明白的？"

"一开始，"采购代表说，"我们从一开始就不明白。"

约翰又能怎么样呢？于是他问道："你们想要我们怎么样呢？"

"你最好重复一遍！"

约翰像泄了气的皮球一样，刚才的信心和气势一下子都不见了。对方并没有针对某一点提出反对，他们的沉默就是对所有建议的否决。但是约翰和他的同事们难道会再用两个小时来重复介绍他们的产品吗？当然不会。采购代表们正是运用这一点巧妙地拒绝了对方，同时也为自己赢得了谈判的主动权。果然，海锐公司的报价开始下降，而且形势对他们越来越不利。

这就是拒绝策略的奇妙用处。在谈判中知道应该何时拒绝、如何拒绝，你会收到很好的效果。有些谈判者担心自己的拒绝会给自己带来不利的影响，因而即使不同意对方的意见，也从不表现出来。他们担心的其实不是拒绝本身所带来的影响，而是拒绝的方法不当带来的。

另外，我们鼓励谈判者进行拒绝，并不意味着他可以随时拒绝对方。谈判者如果不是对对方表示不满，或者想和对方进行争论，就不要轻易地拒绝对方。你必须在恰当的时机进行拒绝，比如，当对方的确非常想要买下你的产品，却因为价钱的问题迟迟作不了决定的时候，你可以对他说："先生，我决定不卖这件产品了。"一般情况下，对方会提高价钱来购买你的产品。

究竟该如何拒绝谈判中的对方？我觉得以下这些拒绝方法值得借鉴：

援引客观条件的限制

在很多情况下，如果对方向你提出了一个无法回答的问题，而且无论你怎么解释，对方都苦苦纠缠，你最好表示自己也爱莫能助——由于客观条件的限制，你无法回答对方的问题。这样能够使对方不再纠缠，并且对你表示谅解。

所谓的客观条件主要包括两个方面：一个是局限于你自身的客观条件，比如技术力量、权限和资金条件等；另一个是社会条件的限制，比如法律、制度和形势等。当然，这两者可以单独使用，也可以综合运用。

先肯定后否定

当对方提出了一个要求或看法而你不能同意的时候，你可以先找出其中合理的部分予以肯定，然后委婉地表示你不能确定其他的部分。“总的来说，你的看法有一定的道理。”以这样的方式答复对方，对方会更加容易接受你的意见。

在谈判的时候，尽量不要使用否定性的词语，即使你需要表达出来，也应该用一种更加有技巧的方式。对每个人都应如此，尤其是谈判中的另一方。他们是给你提供某种利益的人，一旦遭到了否定，他们就会产生不快，从而产生一种抗拒的心理。

以攻为守

当对方提出某个你不能接受的要求的时候，为了不受到对方的牵制，你可以化守为攻。你可以提及对方在前面拒绝了你的某个要求，告诉对方你可以同意他的这个要求，但是他也必须满足你的那个要求，并说对方的这个要求跟你的那个要求是一致的。这样，即使你同意了对方的要求，也不会有任何损失。

引导对方自我否定

即使对方提出了一些不合理的要求，你也不要针锋相对。有时候，你可以旁敲侧击地暗示对方，让他认识到自己的看法有一定的局限，进而自觉地放弃自己的不合理要求。只有让对方自己否决自己的想法，他才会真心地接受，而不会产生不快。

补偿安慰

如果你不想因为拒绝而引起对方的不快，但是又不得不拒绝，你必须想办法对对方进行补偿和安慰。不论你的拒绝策略有多么巧妙，都终究掩盖不了拒绝对方这样一个基本的事实。你谈判的对手并不是一个完全理智的人，在某种程度上，对方也可能会因为被拒绝而产生消极的情绪。这时候，你必须想办法进行补偿和安慰。

你可以提出满足对方某一个对你来说无关紧要的要求，或者对你的拒绝表示遗憾。这样，对方的心情可能会好一点儿。充分地表达你的谈判诚意，这一点对你来说很重要。

在谈判中拒绝对方

⊙谈判中的拒绝应该达到这样的效果：既不损害你自己的利益，又能使谈判顺利进行。这就要求你必须采用一定的方法和策略。

⊙不要将对手想象成一个完全理智的人。他的确会接受你的拒绝，但是也会产生不快的心理。而这种心理一定会——不管程度如何——影响到他的判断。因此，尽量在拒绝的时候让他觉得高兴。

⊙各种拒绝的方法可以综合运用，可以单独使用，也可以结合起来使用。重要的是怎么样拒绝而使对方不对谈判产生抵触情绪。

第八章

提高有效沟通的能力

从双方投机的话题谈起

我每年夏天都要去缅因州的河里钓鱼。我个人很喜欢吃奶油和草莓，但是我并不因此而把奶油和草莓当作钓鱼的诱饵，而是用鱼儿喜欢吃的虫子和蚱蜢。道理显而易见：鱼儿跟我并不一样，它们不喜欢奶油和草莓。

聪明的人往往也用这个方法来处理问题。有一天，爱默生和他的儿子想把一头小牛弄进牛棚。爱默生用力拉，儿子用力推，但是小牛就是不肯进去，因为它更加喜欢牛棚外面鲜美的草。一位爱尔兰农妇见到这种情形，就把自己的指头伸进小牛的嘴里，让它感觉到自己在吮吸母牛的乳头。于是，它一面吮吸，一面跟着农妇进了牛棚。

这位农妇不会像爱默生那样写散文，但是她却更加懂得小牛需要什么，因而能够轻易地解决这个难题。第一次世界大战期间，英国首相劳埃德·乔治也用了这种方法来处理人际关系。那时候，一些战时的要人，像威尔逊、奥兰多、克里孟梭等都已经在人们的心目中褪色了，唯有乔治还能够占据重要的领导地位。乔治说，如果一定要用一个原因来解释的话，那就是他每次在钓鱼之前，都是首先问鱼儿喜欢吃什么。

不错，每个人都有自己的需要。你认为这很幼稚、很荒唐吗？事实上，除了你自己，你不会对任何人、任何事感兴趣。因此，总是和对方谈论你想要的东西或自己感兴趣的事情，这是极为不明智的。你感兴趣的是你自己的需要，但是如果你想赢得他人的欢心，改善与他人的关系，你就首先要问对方需要什么，看看对方对什么感兴趣。

当然，从对方感兴趣的话题入手，还有一个问题需要解决，那就是，如果你自己对这个问题不感兴趣或者不同意对方的意见怎么办？要知道那样会很容易引起争执。所以，我们在一开始谈话的时候，要注意选择的话题应是两个人都感兴趣的，而且是双方持有相同意见的。即使你对这个话题并不感兴趣，也至少应该表现出你很感兴趣的样子；假如你对这个问题有不同的看法，你也需要把它藏在心里，不要把它说出来。

从双方投机的话题谈起，这样做会有很好的效果。耶鲁大学已经过世的教授菲尔普在小时候就曾经有过这样的经历。八岁那年的一天，他到他的姑妈家串门。晚上，一位中年人也到姑妈家来做客。打完招呼之后，那位先生立即把注意力集中到了他身上。那时候，菲尔普对帆船十分感兴趣，而那位中年人恰好也跟菲尔普有相同的爱好，并且跟他一样，也认为西班牙的帆船是全世界最好的帆船。于是，两个人非常高兴地谈论了许多关于帆船的知识。客人走后，菲尔普依旧十分激动，他兴奋地对姑妈说："这个人真有趣，居然对帆船有这么大的兴趣。"

但是姑妈说的话却让他大吃一惊。姑妈告诉菲尔普，其实那位客人是个律师，而且他本来对帆船毫无兴趣。

“那么，”菲尔普不解地问道，“他为什么跟我谈了这么多关于帆船的话呢？”

“他是一位绅士，”姑妈说，“是一个很有修养的人。他知道谈论让对方感兴趣的事情并且跟对方取得一致的意见，能够使对方感到愉悦，也能够使自己受到欢迎。”

由此可见，即使你是装着对某一个话题很感兴趣，并且跟对方持有一样的意见，这对你的社交也是有很大的帮助的，更不用说你真的如此了。

杜甫洛是一个面包公司的老板，他一直在想办法将自己公司的面包卖给一家大酒店，因为这家酒店不但需求量很大，而且在业内很有影响，可以为他们树立一个很好的口碑。四年以来，公司的销售代表差不多每个星期都去拜访一次那家酒店的总经理，而且租用酒店的房间，但是这些措施都失败了。杜甫洛决定改变一下策略。

他搜集到了这家酒店总经理的许多资料，最后惊奇地发现这位总经理原来是美国酒店业协会的会员，而且因为热衷于该协会的活动，成了该协会的会长。而杜甫洛本来就对酒店业有着十分浓厚的兴趣，并且一度想要加入酒店业协会。

这一次，杜甫洛亲自拜访酒店总经理的时候，就以酒店业协会为话题开始了他们的谈话。果然，这位总经理对这个话题十分感兴趣，兴致盎然地跟杜甫洛谈了半个小时。这场谈话无疑使总经理非常高兴。在杜甫洛离开的时候，总经理邀请他加入酒店业协会，杜甫洛则愉快地接受了他的邀请。

在谈话中，杜甫洛并没有向他提起关于面包的事情。但是，几天之后，酒店的一位部门经理打来电话，要杜甫洛把面包的样品和价格表拿到酒店去。

“我不知道你们对总经理用了什么高招儿，”那位经理说，“不过，你们确实已经成功了。”

在一开始的时候，从双方投机的话题谈起，不仅能够打开局面，而且会使对方消除紧张和戒备心理。如果你能够和对方取得一致的意见，对方就会慢慢地接受你，进而接纳你的意见，增进和你的亲密关系。而如果你选取的只是你自己感兴趣的事情，或者是一个有可能存在较大分歧的话题，那么，你们的谈话就会变得十分糟糕。

谈论双方投机的话题

⊙双方投机的话题意味着不仅双方感兴趣，而且至少双方表面上意见一致。你不能选择只是自己感兴趣的话题，也不能选择让你们产生分歧的话题。

⊙在你面对对你来说十分重要的对象时，你需要提前了解他对什么感兴趣、持有什么意见；而如果你没有时间这么做，你可以用试探性的话引导他自己说出来。

⊙不要使对方一开始就和你意见不一致。心理学家告诉我们，这会给你的谈话带来十分不利的影响。

用请求而不用命令

我们已经知道，那些强迫、要求和命令性的语气容易使人产生抵触情绪，而这种情绪正是我们不愿意看到的，因为它将严重地破坏人与人之间的关系。只有在相互尊重的基础上请求对方而不是命令对方，才能使交流顺畅地进行。

卡耐基训练班有位叫汤姆森的学员，他亲身经历了这样一个故事：

汤姆森所在的汽车公司修好了六名顾客的汽车后，顾客集体拒绝付修理费。他们并非不承认这笔账，而是认为账单上的某些项目写错了。事实上，每一张账单上都有他们的亲笔签名，因此，公司拒不承认这些账单有差错。

汽车公司信用部的职员去收款的时候碰到了麻烦。他们逐一拜访了每一位顾客，要求他们缴纳未付的账款，并且表示公司是绝对不会把账目弄错的。这些“错误”应该由顾客自己负责。这些职员暗示说，在业务方面，只有公司才是专业的，所以，他们没有必要进行无谓的争辩。结果，职员与顾客吵了起来。

这些账很不幸地将要成为一笔烂账，于是公司打算诉诸法律。这件事情被总经理知道了，他查阅了这六位客户以前的付款记录，发现他们之前并没有拖欠的情况。总经理认为，这些顾客之所以不付款，一定是公司在某个环节上出现了问题。于是，他派出了汤姆森去收这笔欠款。

汤姆森也像信用部的职员一样，逐一拜访了那些客户。但是他绝口不提欠款的事情，而是对他们说，他是来对公司的服务情况进行调查的。他表示，他并不相信公司绝对不会出错，然后他尽量让顾客们发泄不满，而自己只是仔细地听。

最后，那些顾客的情绪好像缓和了许多，于是汤姆森说道：

“我也觉得公司对这件事情的处理不是很恰当，为此我代表公司向你表示真诚的歉意。听了你刚才的话，我为你的忍耐力和力求公平的态度而感动。正因为你的宽广胸襟，我才请求你为我做一点儿事。我相信，你会比其他任何人都胜任这件事情。请你再检查下我们公司开给你的账单，因为你比任何人都更加清楚。如果有哪个地方记错了的话，你说该怎么办就怎么办吧！”

结果，他们高兴地核对了账单。这些账单的数额在 150 美元到 400 美元之间浮动。其中一位顾客只是付了最低额，他拒绝付来历不明的款项，但是其他五位都尽可能高地付了款项，一点儿都没有让公司吃亏。最奇妙的地方是，两年之内，这六位顾客又买了公司的六辆汽车。

毫无疑问，那些信用部的职员是用合同的权威来强迫顾客付款的，而汤姆森却正好相反，他所用的方法是请求他们这么做。比较一下即可看出，他们取得的结果是截然不同的。

用请求而不是命令的语气，有很多不可思议的好处，一旦你发现了这些好处，你就会慢慢地养成请求的习惯。

比如，不要说“不要那么做”，应该说“我觉得这样做不是很好”；不要说“我不喜欢由你去做”，应该说“你不介意我让约翰去做吧”。

一个很好的方法，就是在你说话的时候带上一个“我”字，用

“我”字可以非常详细地叙述个人行为，并且能够告诉对方这将会对他造成什么影响，或者为什么这是重要的。用“我”来表达要求对方不要做某事的观点，将会使你的话听起来很平和，不是在责备或命令他人。

比如，你说：“我真的希望在中午之前拿到这份文件的复印件，你能帮我吗？”如果没有别的原因，对方会非常愉快地回答：“没问题！”

当你希望对方给你打电话的时候，你兴许会说：“希望你给我回个电话！”这样说虽然礼貌，但是却带有命令的口气。你不妨说：“如果你给我回个电话的话，我会非常高兴的。”

当你在会上讲话的时候，一位同事打断了你的话，并且对你说：“布朗，我想请教你一个问题。”你为了表示不满，也许会说：“请不要打断我的演讲。”但是你还可以说：“我把话讲完再跟你讨论，怎么样？”

如果你要表达的意思是命令对方，你可能会担心用请求的语气与对方说话会显得威力不足，对方根本就不会听你的话。

杜鲁门总统曾经非常形象地形容过美国的外交政策：拿着大棒轻轻地走路。劝说他人的时候也可以用这种策略。一开始，你可以“请求”对方，但是如果对方并不为你的“请求”所打动，你再转向“大棒”，即告诉他们不这样做的话会有什么后果。

比如，你一开始说“我希望在中午之前拿到这份文件的复印件”，如果对方表示有事不能完成的话，你可以接着说一句“如果到时候拿不到的话，恐怕这次谈判会搞砸的”，对方就会明白这个任务很重要，而他就会先不做其他的事情，转而做你所命令的这件事情。

用请求不用命令

⊙即使确认自己站在较“权威”的一边，为了维护他人的自尊，也必须用请求来代替命令。

⊙请求实际上是命令的弱化，但是会收到截然不同的效果。

⊙如果能把命令说成是你的想法或建议的话，在某种程度上，对方便不会拒绝你。

⊙没有命令、强迫或要求，可能就没有反抗和抵触。

批评也要讲艺术

1929年，美国教育界发生了一件惊天动地的大事，一位刚满30岁的年轻人——名叫罗伯特·哈金斯——被聘为芝加哥大学的校长。人们纷纷对此进行批评，认为他太年轻，没有足够的经验来管理这所在全美国排名第四的大学。连本来很客观的报纸，也开始对哈金斯进行批评。

哲学家叔本华的一句话正好能说明这场攻击：“小人常常为发现伟人的缺点而得意。”心理学家研究发现，人们常常通过批评他人来得到某种自我满足。

有太多的例子可以证明这一点。所以，当你打算批评别人的时候，你需要想一想你是不是也想得到一种自我满足的快感。这是一种很无聊的举动，而被批评的人不会有丝毫的感激，他只会对你感到厌恶。

而我接下来打算讲的是这样一种批评：你并不打算用它来满足你的自我优越感，而纯粹是为了对方着想，想要纠正对方错误的意见或想法，弥补他的不足。在此基础上，我们希望能够让我们的批评达到它应该有的效果。

事实证明，如果你真的为了对方着想，对方是不会一直非常固执地坚持自己的意见的——前提是你运用了正确的方法。但是同时，我们不能认为，只要我们的出发点是好的，那么一切都不是问题。这是一种过于简单的想法。

我们每个人都有自尊，而有的人甚至达到了自负的地步。当你指出别人的错误、对别人进行批评的时候，一般的人都会下意识地去维护自己的尊严，从而对你的批评采取抵触的态度。这就是人性的弱点之一。我们必须了解这个弱点，利用恰当的批评艺术来达到我们批评的目的。

数年前，我的侄女约瑟芬从堪萨斯城来到纽约，当起了我的秘书。她当时才 19 岁，没有丝毫办事经验，理所当然地会经常犯错误。一次，当她又犯了一个错误的时候，我很想找她谈谈。于是我对她说：

“约瑟芬，你应该也意识到你刚才犯了一个错误。但是，你可能不知道，你比我当年可强多了，我那时真的是愚蠢至极，我曾犯过无数的错误。而且，你现在比我那时更加勇敢，也更加懂事。你不可能从一生下来就懂得做某件事情的，那需要经验的积累。我并不是想批评你，约瑟芬。可是，你想想，如果少犯一些错的话，是不是会更好些呢？”

约瑟芬十分高兴地接受了我的批评，并且很快成长为一个能干、合格的秘书。在批评她之前，我首先指出她做得并不非常糟糕，比当年的我要好多了，并且委婉地指出她应该尽可能把事情做得更好。

德皇威廉二世是一个骄傲自大、目空一切的皇帝，他曾经说过一些令全世界震惊的话，并且引起了整个欧洲社会的不满。他说：

“我是唯一感觉英国很友善的德国人。我正在建立海军，以对付日本。只要有我一个人的力量，就能使英国不至于被法、俄两国所威胁。英国罗伯特爵士之所以能在南非战胜荷兰人，就是我筹划的。”

事实上，在一百来年的和平时期里，欧洲没有哪位国王能说出这样的话来，可想而知这些话在当时所引起的轰动。各国政府都表达了对威廉二世的不满，德国政治家则十分恐慌。威廉二世也开始感到紧张，并暗示布罗亲王替他受过。

布罗亲王看不惯他的做法，于是说道：“陛下，恐怕没有人相信我会建议陛下说那些话的。”

当他说出这些话之后，威廉二世咆哮道：“你认为我是一头驴，你不至于犯的错误，我却犯了？”

布罗亲王意识到自己犯了一个很大的错误，但是为时未晚，他必须想办法补救。于是，他对威廉二世说：

“陛下，我绝对不是那个意思。你在很多方面都超过了我。不论是在海军知识上，还是在自然科学知识上，我都知道得太少了，而你比我知道的多得多。身为一个亲王，我深感惭愧。”

德皇听到这样的话后，脸上的怒意马上就消失了，露出了笑容。

这是因为布罗亲王贬低了自己，抬高了他。德皇握着布罗亲王的手说：“我知道自己在这件事情上做错了，我将承认这个错误。”

一开始，布罗亲王犯了一个很大的错误，他没有在批评之前先赞美德皇，从而引起了德皇的不满。但是，仅仅几句赞美，就让德皇高兴起来，轻易地接受了批评。我们在批评别人的时候，是不是也应该这么做呢？

下面我将举出林肯在1863年4月26日写的一封信，收信人是担负着国家、人民命运的霍格将军：

霍格将军：

我已经任命你为包托麦克军队的司令官，并且我相信这样做完全是正确的。但是，我希望你知道，我在一些事情上对你并不满意。你是一个英勇善战的军人，这一点我毫不怀疑，我一向对此十分欣慰。同时，我相信你不会把政治和你现在的职责混为一谈。你的自信是非常有价值的、可贵的。

在一定范围内，你的野心对你来说确实是有益无害的。可是，你一度过于放纵你的野心，阻碍了波恩学特将军带领他的军队前进的脚步。这是你对国家、人民以及所有军人所犯的一个极大的错误。

据说，你认为军队和政府需要一位独裁的领袖。但是，我希望你不要忘记，我给你军队的指挥权，并不是想让你成为独裁者，而且以后我也无此打算。

只有那些在战争中取得胜利的将领，才能够成为独裁者。而目前，我的确希望你取得胜利。如果你取胜了，我将会冒着危险将独裁权授予你。

政府将会像协助其他将领一样，尽其所能地协助你。但是，我的确担心你的那种不信任人的思想会传给你的下属和战士，而这将会使你损失惨重。因此，我愿意尽力帮助你，平息你这种危险的思想。因为如果有这种思想存在，那么即使是拿破仑，也不能获得胜利。现在，千万不要轻易地向前推进，也不要急躁，你最需要的是谨慎，以赢得我们最终的胜利。

林肯写这封信的时候正是美国内战最激烈的时候，将领们因为联军屡遭失败，普遍地存在着悲观的情绪。林肯描述当时的情景时曾这样说："我们现在已经走到了毁灭的边缘，上帝似乎都已经抛弃我们了。我看不到一丝胜利的曙光。"这时候，林肯给霍格写了这封信。

正是这封信改变了霍格这位固执的将领，从而改变了国家的命运。当时霍格因为判断出了差错，犯了严重的错误。但是林肯并没有在一开始就批评霍格，而是对他进行了赞美。即使是批评的时候，他也采用了十分委婉的语气。

辛辛监狱的监狱长罗斯用他自己的经验告诉我们这样一个道理："如果你面对一个盗贼或骗子，只有一个办法可以制服他，那就是像对待一个体面的绅士一样去对待他。只有这样，他才会感到受宠若惊，进而激发起内心的骄傲，因为终于有人信任他了。"

因此，我们在批评别人的时候，不妨采用一些有技巧的方法，这样才能取得令我们满意的效果。

注意批评的艺术

⊙你必须在尊重别人的基础上批评别人，这样别人才有可能接受你的批评。

⊙批评并不是争论，也不是有话直说，而应该运用一些方法和技巧。

⊙注意在批评之前先赞美一下对方，这样会形成一种自然和谐的谈话氛围，此时再把谈话引向批评。

⊙你可以在批评别人之前指出自己的错误和缺点，在这种比较平等的条件下，对方会更加容易接受批评和意见。

冷静地处理冲突

我们常常会因为某一件事与对方争吵起来，有时候吵得面红耳赤，甚至最后闹得不欢而散。但是只要稍加注意你就可以看到，其实这些争论到最后也没有解决什么问题。事后，只要我们冷静地想一想，就会发现本来没有争吵的必要。因为这些问题本来也不是什么大问题，犯不着这样争吵。

冲突在我们的交谈中是难免会出现的，但是这仅仅是表面现象。实际上，冲突是两个人或者更多的人在看法、方法、目标、方式甚至价值观念方面的不同所引起的，并不仅仅表现在言语的争论上。我们知道，人与人都是不同的。哲学家说“这个世界上没有完全相同的两片树叶”，人类则更是如此。在大多数情况下，出现分歧是十分正常的，也是可以解决的。但是人们却往往让分歧变为争吵，试图说明对方是错误的、自己是正确的，以至于看起来似乎不可调和，有什么深仇大恨一样。

冲突的形式并不限于争吵，它还有很多表现形式。比如，你把问题的所有责任都推到对方身上，并且开始攻击对方的能力、性格甚至人格，使自己得到了自我满足的快感。这是一种常见的批评和攻击方式。比如，你说话的时候话中带刺儿，让他人觉得受到了侮辱，或是受到了轻视。也许你认为这是一种幽默，但是事实上却伤害了对方。又比如，你试图在解决某个问题的方法上说明你比对方更加高明，以此显示你的优越感。你的这种强烈的感情使对方反感，你们的目的从解决问题上转变为对各自的评价。

冲突自然不仅仅包括语言上的争吵，它更多地表现为沟通上存在的问题。当我们没有了解并理解对方的观点、方法、价值、意图的时候，冲突自然就会产生。我们总是习惯以自我为中心，以为每个人都应该按照自己的那一套去做事情和看问题，同时又对别人的那一套表示不满。这是冲突的本质之所在。

古希腊哲学家苏格拉底的妻子是一个十分蛮横的妇女。一次，她对着苏格拉底大发雷霆，后来居然把一盆脏水对着苏格拉底迎头泼去。但是苏格拉底并不生气，反而说："我知道，雷鸣之后总会有一场暴风雨的。"别人劝他把这个悍妇休掉，苏格拉底说："善于驯马的人都会选择悍马作为自己训练的对象。因为如果连悍马都驯好了的话，那么其他马自然也不在话下。如果我连她都能忍受的话，还有什么不能忍受的呢？"

我们平常的冲突自然没有这么激烈，而且我们一般人也没有苏格拉底这么好的涵养。为了圆满地解决问题，树立良好的社交形象，追求更高的境界，我们需要学会处理冲突。诚然，有些问题不能改变，或者说不能轻易地改变，比如个人的价值观等，但是只要我们愿意，我们的确能够运用适当的方法处理冲突，以达到我们的目的。

纽约市一个电话公司的策划部经理保罗十分赞同我的观点，他甚至乐观地认为，他的员工的冲突是因为对工作热情而产生的，他十分喜欢这些冲突。他不喜欢那种死气沉沉的工作氛围，而喜欢冲突所带来的新的思想、角度，以及解决问题的新的方法。他说，问题的关键在于如何"有建设性地"处理这些冲突。

一个和那位改良蒸汽机的伟大发明家同名的员工，以保罗和策划部其他职员的名义，给他的同事玛丽发了一封电子邮件，指责她的某个策划方案存在许多致命的错误。"你应该改正它，"瓦特在信的末尾说，"或者干脆让更加适合的人来做。"

保罗看到这封电子邮件后，直接找到了瓦特，并指出他指责对方错误的方法是不当的，并且，他更加不应该擅用他人的名义。这不是解决冲突的正确办法，如果他需要跟玛丽讨论策划方案，应该用另外一种方式去解决这个问题——保罗并没有告诉他应该采用哪种方式。

一天后，瓦特找到保罗，说他已经跟玛丽当面协商了策划方案所存在问题的解决办法，玛丽也已经原谅了他的鲁莽。

我们在解决冲突的时候，需要注意以下一些问题：

弄清楚对方的立场

你可以假设对方的用意是好的，从而更多地从对方的立场去考虑问题，这样你或许能够心平气和地和对方谈论。你希望别人理解你的决定，同样你也应该理解对方的决定。在没有弄清楚对方的真实用意之前，不要假设对方是意气用事，是为了维护自己的利益。这些假设往往会把我们引入误解对方的歧途。把你的眼光更多地放在对方的言语、行动上，不要依靠猜测来评判对方。

在别人说话的时候，冷静下来仔细倾听，这样你才能理解对方想要表达的是什么意思。然后，你告诉对方，自己完全理解他。你不要打断别人的谈话，更不要气势汹汹地指责对方。

寻找共同点

我们可以轻易地了解到，我们与别人产生冲突，都是为了事情的解决。我们和他人的关系是伙伴而不是对手，更不是敌人。

所以，当我们和别人发生冲突的时候，应该积极地找出问题的解决方案，而不是使冲突升级。我们和对方争吵或者其他的行动，都有可能使我们的注意力从问题本身转移到其他方面。在讨论中，不管引发我们冲突的核心问题是什么，我们产生了什么不同的观点、方式，都要注意问题本身，而不是其他方面。

实际上，冲突双方在大多数情况下都是在寻找“最佳答案”。事实是，因为人是各不相同的，因此给出的答案也各不相同。我们的争论实际上是在讨论哪一种答案最适合当前的我们。在这一点上，我们并没有什么根本的分歧。我们要告诉对方这一点，并且让他相信事实确实如此。

忘掉一输一赢的思维模式，那只是竞技比赛的特点，并不适合冲突的解决，冲突之后完全可以实现双赢。

你还可以从其他方面来寻找你们的共同点。比如，经过思考后你会发现，其实你们都是主张用同一种方法来解决问题的，只是你们在某些方面出现了偏差，而这一点本来是可以忽略的。

解决问题而不是责备他人

你应该诚恳地表达你的观点。如果你确认自己的方案是最优的，就尽量说服对方，让他也这么认为。光提高嗓门是没有办法说服对方的，更不用说责备对方了，那样只会给你们带来不快和不信任。你的目标是解决问题，而不是比较你们谁更加高明。

当你配合他人解决问题的时候，你会发现自己正处在一个十分友好的氛围之中，这种氛围会更加有利于问题的解决。如果一次两次的意气用事是你没有办法克制的话，那么千万不要让它成为你的习惯。

解决冲突

⊙你们要时刻牢记你们的目标是解决问题，而不是争执。或许争执是必不可少的，但是最后必定要达到你们的目标。

⊙理解对方的意图，并且尊重对方的选择。如果没有更好的办法的话，不妨同意对方的意见。

⊙不要带着冲动的情绪解决问题，这只会让问题越来越糟糕，最后连你自己都会失去目标。冷静下来，这样对你更加有利。

⊙如果你拿定了主意，就帮助对方也拿定主意。你们必须取得一定程度的一致，即使这需要你们做出一点儿牺牲。

第九章

学会更好地说服他人

避免与对方争论

美国报业大王霍斯托在他还没有出名的时候，就雄心勃勃地想要在新闻界占有一席之地。他在自己创办的报纸上发起了一个倡议，其主题是：在全市的电车线路旁装备防护网，以保护儿童。他在自己的报纸上大肆宣传，同时还请美国漫画大师乃西欧为这一活动作画，以吸引读者的注意力。就在一切进展得很顺利的时候，一个麻烦突然出现了：乃西欧作的画所反映的主题跟霍斯托想要表达的意思正好相反，因此根本不能作为宣传材料。

霍斯托想要乃西欧另外画一张合适的画，但他并没有找乃西欧直接说出来。因为这样一定会引起乃西欧的不满，搞不好还会跟他争吵起来。一天晚上，他邀请了乃西欧一起吃饭，在席间一直不停地称赞乃西欧的画，这当然让乃西欧十分受用。说了一会儿话之后，霍斯托把话题很自然地转移到了电车上，他对乃西欧说：

“我现在一看到电车就很不舒服，因为我看到的好像不是载人的电车，而是一辆辆运送人的骸骨的车。你知道，那些电车线路上经常有儿童被轧伤或轧死。而那些开电车的司机，在看到那些穿过电车道的儿童时，似乎都不怀好意。”

“这个题材很好，”乃西欧说，“我建议你把我以前送给你的那幅漫画撕掉，我会以这个题材重新创作一幅漫画送给你的。”

霍斯托知道争论的结果，因此他并没有直接跟乃西欧争论那幅漫画的对错，而是避免了争论，采取了一种暗示的方法，让对方意识到自己错了，并且主动提了出来。后来，乃西欧用了半个晚上创作的那一幅画，成功地使旧金山全市的电车线路旁都安装了防护网。

当你打算说服一个人的时候，最愚蠢的方法就是跟对方争论。我们已经知道，几乎没有人会因为争论失败而改变自己的想法。争论确实能够带给你一时的快感，但是却会使你得不偿失。

遗憾的是，有很多人经常犯这样的错误。年轻时的本杰明·富兰克林就非常喜欢与人争论。当时他与镇上一个小伙子关系很好，两个人在一起的时候，常常争得面红耳赤。他们都非常喜欢辩论，很想驳倒对方，获得片刻的成就感。这种嗜好让他养成了一种习惯，那就是：在和人讨论的时候，他常常会不自觉地去寻求一种与对方不同的意见——不管是对还是错。富兰克林发现，除了律师、大学生和一些特别的人外，对一般人而言，这其实是一种非常不好的习惯。就像他自己，常常因为这种习惯而得罪人。

于是，富兰克林决定改变这种好争论的习惯。当他致力于提高自己的语言水平的时候，他看到了一本分析英语语法的书，其中有一篇关于逻辑的文章，是苏格拉底论证的实例，这让他受益匪浅。不久之后，富兰克林又找到了《回忆苏格拉底》一书，里面有大量的苏格拉底式的辩论的实例。富兰克林放弃了率性的反驳和绝对的争辩，从而让自己成了一个谦逊的提问者和怀疑者。这样富兰克林彻底改变了自己在人们心目中的形象。

格拉瑞是卡耐基口才训练班的学员，也是纽约一家木材公司的推销员。多年来，他都在跟那些冷酷无情的木材质检员打交道。他们常常因为一个小问题而发生争执，有时候甚至吵得不可开交。争论往往是以格拉瑞取得胜利而告终，但是这种胜利却使他和木材质检员的关系冷淡，使公司总是赔钱。在上了卡耐基口才训练班的课程之后，他决定改变策略。

一天早上，质检员打电话给格拉瑞说他们公司的木材不合格，现在已经停止卸货，并且要他马上把木材运回。当卸完木材总量的 1/4 之后，质检员声称这批木材的合格率仅为 50%。因此，他们拒绝接受这批木材。

格拉瑞很快赶到了现场。对方的采购员和质检员看到他之后，马上摆出了一副准备吵架的架势。格拉瑞说："我一声不吭，和他们一起走到了那些已经卸下的木材面前，并仔细地看了看那些木材，然后听了他们的意见。根据我的经验判断，他们又一次犯了错误，因为这种木材是白松。实际上，质检员对这种木材并不熟悉，他最熟悉的是硬木，但是他却自认为对白松木也很熟悉。相比较而言，我比他更熟悉白松木。

"如果在以前的话，我会马上指出他的错误，并和他进行一场争辩，但是这次我并没有这么做。我对他的木材分类方法没有提出任何异议，而是告诉他，他可以把不合格的木材挑出来，我立刻把它们运回去。这一办法果然很有效，他立即变得热情起来，我们之间的紧张感开始消除，大家的关系也显得很友好。之后，我建议他重新对这些木材进行检查，并提醒他白松木和硬木是不一样的。质检员终于承认他其实对检查白松木没有多少经验，然后虚心征求了我的意见。”

最后，他们接受了全部的木材，给了格拉瑞全额的支票。从那以后，格拉瑞和质检员的关系越来越好，后来还成了朋友。

这种做法的作用多么明显啊！从“敌人”到朋友的转变，只是因为其中一方避免了争论。因此，如果你想要说服一个人，就要避免同对方争论。

任何一个人被他人攻击，都会下意识地树立起自我保护的意识。当他受到言语的攻击时也是一样的。因此，争论是不会使对方相信你说的话的。当你想说服对方时，你需要冷静地把事实指给他看，与他从容地交谈。

而且，争论往往会使你浪费许多时间和精力，并且也会大大刺激你的血液循环，使你没有办法安静下来去理清事实的真相，或者找到更加完美的解决办法。从这个角度考虑，你也完全没有必要花这么多精力去干那种既没有意义也没有任何好结果的事情。

为了避免跟对方争论，我们在与对方意见发生冲突的时候，需要注意以下问题：

欢迎不同意见

不同的意见往往让你认识到看问题的其他角度，这会使你收获不小。人们往往是从自己的立场出发，根据自身的经验和知识，以自己的价值观判断一件事情或一个人的，所以每个人都很难说自己的看法就是正确的。学会从别人的意见中去寻找自己想要的东西，这样你就能够做到尽可能全面地看问题。也许这样，你就不会那么激烈地反对跟你持有不同意见的人了。

了解对方的看法

不要一句话不合，就开始跟对方争论起来。你至少应该听完对方说的话，这样才能明白他究竟想表达什么意思。不要想当然地认为自己能够根据一句或几句话给对方下结论，一般人往往不会在一开始就打断对方说话，表明自己的观点。急于下结论，这是没有忍耐力和修养的表现。

试着从对方的角度去考虑问题。你要站在对方的立场上，顺着对方的思路去思考，而不要犯偏执的毛病，不要妄自尊大，也不要让别人觉得你纯粹是为了反对他而跟他争论。你要让对方意识到，你是在发表意见，而不是在争论。

态度真诚地发表意见

当一个人跟你谈话的时候，他并不是想听你的教训。你们并不是说教与接受说教的关系，而是平等的对话者。和你一样，他也会认为自己的想法是对的，并且毫不犹豫地想让别人相信这一点。

如果你确实认为对方是错误的、你是正确的，并且能够确保这种判断不会有什么偏差，那么就用真诚的态度跟他说话。用一点儿技巧来避免争论，循循善诱地使他慢慢地相信这一点，让他自己说服自己。

不要和对方争论

⊙争论只会带来不利的影响，而对你想要达到的目的毫无用处。相信这一点，不要再因一时的冲动而浪费你的时间和精力。

⊙当别人发怒的时候，平静地等待着。不要试图在发脾气上跟他竞赛。等他能够听进你的话时，再跟他好好说话。

⊙避免和对方争论——做到这一点本身并不难，难就难在每个人都有争强好胜的心理，而你要克服这种心理。

⊙不和对方争论并不意味着你要舍弃自己的原则，让自己隐忍。我们所强调的是如何艺术地把自己的观点表达出来，以及如何艺术地说服他人。

努力让对方客观地认识事物

我之前说过，我现在已经不像以前那样确信许多东西了。这并不是悲观的论调，只是我现在能够更加客观地认识一些东西，不再像以前那样从狭隘的个人经验、个人知识、个人信仰和个人立场来看事物。但是很多时候，一些人还是在确信许多我以确信、现在却怀疑的东西。想到这一点，我就会感到十分焦急。

你们也许会发现，当你们在交谈的时候，常常遇到一些看起来十分顽固的人。这些很顽固的人，换个角度来看的话，我们可以称之为有着顽强信念的人。这些人不会轻易地改变自己的看法，只要是他们认定的事实，如果没有更加确凿、更加有力的证据的话，他们从来不会产生怀疑。

我不想给这些人下结论。不论你有何种性格，“不及”和“过”

可能是同样的效果，而对不同的事情，执着的信念往往会有不同的效果。比如，不应该坚持的东西，你却坚持了，这时候就是你的不对了；而有一些正确的东西，你越坚信它，对你来说就越好。

你确信自己的意见是对的，而别人的意见是错的。但你要让别人认识到这一点却并不是一件很容易的事情。你不能对他说："事实明明就摆在那里。"这样的话没有多少说服力，因为他也看到了事实，只是每个人看到的事实都是不一样的。但你明明知道他的意见是一种偏见，他是从你认为不正确的角度来看问题的。在这时候，你应该尽量使对方客观地认识事物。这样，他才会真正认识到自己所犯的错误。

我们举一个有点不合常理的例子，来说明一个人会固执到什么地步。

有位号称"双枪"的杀人魔王科洛雷曾经和他的女友开车在一条乡村公路上兜风，他把汽车停在了马路中央。这时候，警察走过来请他出示驾照。他二话不说，掏出手枪就朝警察射击。当警察已经躺倒在地的时候，科洛雷跳下车，拔出警察的手枪，又对尸体射了一枪。这当然只是科洛雷的种种恶行中的一桩，因为他平生杀人无数。

1931年5月7日，警察把科洛雷围在他女友的公寓里，并朝屋内扔了催泪弹，试图把科洛雷从房子里逼出来。但是在一个小时后，科洛雷还蹲在一个沙发后面朝警察开枪。当警察抓获负隅顽抗的科洛雷后，纽约市警察局局长马罗尼发表了公开讲话，他说："这是一个名副其实的杀人魔王，任何一件小事都会成为他杀人的借口。"

但是科洛雷自己却并不这么认为。他在自己的公开信里这样写道：“没有人知道，我在凶恶的外表下藏着一颗疲惫和善良的心，我并不愿意杀害任何一个人。”

谁会相信他居然会这么说？！他居然觉得自己没有什么错！对这样的人，你想对他说些什么呢？

这绝不是特例。因为工作需要，我曾经和纽约市辛辛监狱的监狱长通过几次信，他告诉我一些与我的想法截然相反的事情：“监狱里的犯人很少有人自责，他们认为自己和正常人一样。他们很擅长为自己辩解，他们会试图说明为什么必须撬开别人的保险柜，为什么会朝路人射击。大多数人都能为自己找出理由，尽管他们的理由是荒谬的、违反逻辑的以及反社会的，但是他们却用这些理由来说明自己是不应该进监狱的。”

我们看到，这些罪大恶极的犯人从自己的角度去看问题，都认为自己所做的事情是对的（当然，他们犯罪的原因并不这么简单）。这些人明显地犯了常识性的错误：都不能客观地看待问题。我们又怎么能够强求一般人完全正确地看待问题呢？——他们只是在一些相对来说并不那么重要或并不那么清楚的问题上不能客观地看待。

我们帮助别人客观地认识事物，首先要知道他是怎么想的，以及是如何得出这一想法的。每个人都会有一定的坚持己见的习惯。每个人看问题当然是基于自己的经验、自己的立场去作判断，而且认为这是对的。当有人怀疑他的正确性的时候，他会毫不犹豫地为自己的观点进行辩护，除非你能够指出他致命的缺陷。所以，你必须站在他的立场去考虑问题，并进一步地反驳他。

当年，西奥多·罗斯福退出白宫之后，面对他的继任者、共和党人塔夫脱总统的保守作风，他感到十分恼火。于是，他不仅在公开场合对塔夫脱进行严厉批评，而且组建了“雄麋党”，打算再次竞选总统。他们的争论使共和党几乎土崩瓦解，直接导致了共和党在竞选史上最严重的一次失败。但是塔夫脱并没有为此自责，他在事后满含热泪地说：“我想我并没有做错什么。”

我们且不去管这件事情谁对谁错。我们发现，批评就像火星儿一样，它足以引爆人们心中的虚荣和自尊，并使人们不去管这样做会不会置人于死地。如果当年罗斯福能够站在塔夫脱的立场去考虑问题——假定是罗斯福对了的话，这既能让罗斯福更加客观地考虑问题，当然也能够说服塔夫脱改变自己的政策。而如果是塔夫脱对了的话，他也可以这么做。而他们却似乎只懂得批评、抱怨和责备对方，这种做法实际上是非常愚蠢的。

我想以我自己的亲身经历来说明让别人客观地认识事物对于说服一个人的重要性。我通常在规劝或者说服他人去做某一件事情的时候，先停下来想一想“如何才能使他心甘情愿地去做”这个问题。这个方法使我受益匪浅。

我在一开始进行我的讲座的时候，租用了纽约市一家饭店的舞厅作为演讲地点。我的每期培训都需要租用20个晚上。

一开始我并不为这件事情担心，因为这笔租金是我可以承受的数额。但是有一次，在新的一轮演讲开始的时候，饭店方面突然打电话告诉我说必须付相当于以前三倍的租金。我并不想改变演讲的地点，因为一切准备工作都已经就绪。我打算说服饭店的经理，使他打消这样的念头。我很清楚，他们想的只是自己的利益，但是我相信自己能够说服这位经理。

“你们的通知的确让我很吃惊。”我见到那位经理后，微笑着对他说，“但是我这次来并不是想责怪你。我知道，如果我是你，我也会这么做的。因为不这样做的话，饭店的利益就要受损，而你将会被辞退。那么现在，为饭店的利益着想，我们来分析一下这项决定的利与弊。”

我从我的包里拿出一张早就准备好的纸，在纸的中间画了一道线，作为“利”和“弊”的分界线。接着，我在“利”的那一边写下“可做他用”，然后跟他解释说：“的确，你们可以把舞厅租给别人，用来跳舞或者开会。毫无疑问，这样肯定会比租给我的价钱要高。而租给我的话，相当于你们损失了很大一笔钱。”

再接着，我在纸的另一边写下“减少收入”和“广告效应”，然后对他解释说：“首先，我因为付不起你们的租金，所以不得不另觅场所，这样一来，你们势必要空出这个舞厅一段时间。相对来说，这与现在相比算是减少了收入。其次，你们知道，我每次所举办的一系列讲座，都会吸引许多人——包括很多名人因此入住你们饭店，难道你不认为这是最好的广告吗？你们每次需要在报纸上花多少钱打广告呢？如果我猜得不错的话，5000美元应该是必不可少的。而且，这些报纸上的广告的效果也未必有这么大。这对像你们这么大的酒店来说，价值是不是非常大呢？”

最后，我把这张纸交给尚在思考的经理，并且对他说：“为了你们的利益，请认真地考虑一下，然后尽快通知我。”

结果已经可以预料：第二天饭店方面就通知我，我的租金只需要增加50%，并不是之前决定的三倍。

我并不是想要说明我的做法有多么高超——实际上，这件事情看起来好像被我轻易地解决了。我只是想说：我们在说服他人的时候，是完全可以用更加简单而有效的方法来做到这一点的——让他人客观地认识事物。你也可以试着这么去做。

让他人客观地认识事物

⊙不要直接告诉他人应该怎么做、怎么想，而应该告诉他真实的事情是怎么回事。

⊙不要对他人说："你这种想法非常无聊。"或者"你太片面了！"而应该告诉对方，他现在在受着某种客观条件或某种错误想法的束缚，应该排除这种偏见。

⊙你没有必要把什么是对的、什么是错的都摆出来，你应该告诉他哪些是真实的、哪些是虚假的，或者哪些是明显的、哪些是容易被忽视的。

让对方以愉悦的心情与你交谈

威尔逊总统曾经说过这样的一段话：

"当你攥紧你的拳头准备跟我说话的时候，对不起，我也会和你一样地攥紧拳头。但是如果你友善地对我说：'让我们一起坐下来谈一谈，看如何解决我们之间的分歧。'这样我也会非常友善地坐下来。这样我们才可以看到，我们之间存在的问题可以解决，因为我们的分歧不大，并且共同点很多。只要有友善的态度，我们就容易取得一致。”

的确如此。多年的生活经验告诉我们，当我们想要说服一个人的时候，能够采取的最好的办法是使对方能够以愉悦的心情跟我们交谈；而如果我们采取的是愤怒、粗暴的态度，对方就会感觉受到了威胁，那么我们多半会解决不了问题。

这个现象很好解释。当我采取的是愤怒和粗暴的态度的时候，那么对方会感到我和他是敌对的关系，我是他的敌人——我们知道，基本上人们都不会听信敌人的意见。对方会不自觉地在我们之间设一道鸿沟，使自己处于绝对的安全之中。我们可以想象，在这样的情况之下，想要说服一个人会有多难。

怀特汽车公司的工人为了增加工资而举行了规模巨大的罢工。公司的总经理卡特先生并没有像多数的老板一样，在这样的情况下采取强硬的态度。他争取使工人们有愉悦的心情，从而使他能够跟他们在平和、友善的环境中进行对话。他积极地做了一些事情来实现这一点。卡特非但没有恐吓和威胁工人们，还在报纸上刊登广告，称赞他的工人们是“放下工具的和平者”。他为工人们买了棒球棍和手套，让因为罢工而无事可做的他们可以在空地上打棒球；他还租下了一个保龄球室，供工人们在闲暇的时候使用。

他在适当的时候和工人的代表进行了谈话，谈话气氛十分友好。看得出来，工人对公司已经由敌对态度变成了想要通过谈判解决问题的平和的态度。这次罢工在一周内就被解决了，卡特的做法给那些老板们提供了一个十分出色的范例。

史特劳伯觉得自己租的房子租金太高了，想让房东把租金降下来。于是，他写了一封信给房东，说他的房子的租约快到期了，如果对方能够适当地降低房租的话，那么他还打算继续住下去。其他的房客觉得这个方法根本行不通，因为房东是一个十分顽固和吝啬的人，他们都试过这个方法，结果都失败了。

房东看了史特劳伯的信后，就来找他了。史特劳伯站在门口欢迎他，并且绝口不提降低房租的事情，而是一个劲儿地说他非常喜欢这栋房子，实在不愿意搬走。他还对房东说，他现在已经总结出对这栋房子的管理办法了。

这使得房东非常高兴。很明显，从来没有一个房客像史特劳伯这么欢迎他，他甚至都有一点儿不知所措了。

房东对史特劳伯讲他的房客让他感到十分烦心，他对他们都没什么好感。他们总是抱怨这抱怨那，有一位房客甚至给他写了 14 封信来侮辱他。还有一位房客威胁他说，如果楼上的人还想睡觉的话，办法只有一个，那就是降低房租。

“你真是一个惹人喜爱的房客，”房东对史特劳伯说，“能够遇到你这样的房客，真是让我太高兴了。”

接着，还没等史特劳伯开口，他就主动提出降低史特劳伯的房租，所降的房租比史特劳伯自己预期的还要多。临走的时候，他还提出打算对史特劳伯租的房子进行装修。

史特劳伯的方法十分简单，那就是尽量使对方感到愉悦，从而能够在友好的气氛中进行交谈。

当别人犯了错误的时候，不要气势汹汹地去批评他，这样多半会导致对方的反感和反抗。你应该采用一定的技巧，使对方以愉快的心情与你交谈，这样对方才能够被你说服。

我们相信，愉悦的心情会使一个人有勇气承认自己所犯的错误，从而接受对方的批评和建议。而这种心情的产生多半需要对方提供一个很好的谈话环境，因为心情确实与谈话环境有很大的关系。

美国通用汽车公司想要在一个分公司附近新建一处车间。当他们收购地皮的时候，遇到了一个麻烦。大多数居民都肯转让手里的土地，但是有一个叫伊兰特的老太太却拒绝转让。伊兰特老太太所拥有的那块土地，正位于整块地皮的正中央，因此公司必须将其收购。公司派了许多人去“攻关”，但是都失败了。

预计的动工日期马上就要到来了，时间十分紧迫。公司经理弗莱克为了这一块土地，决定亲自去说服这位老太太。出发之前，他精心为自己“打扮”了一番。他戴着一顶破草帽，穿着一件破旧不堪的衣服，出现在了老太太的面前。这位老太太简直把他当成了一个苦工——而这正是弗莱克所希望的，他想使这位老太太看起来更加尊贵一些。

“我是通用汽车公司的一个经理，”弗莱克说，“我叫弗莱克。我从来没有见过像你这么高贵的老太太，我不得不说，你的生活品质比我的高多了。我相信，像你这样的老太太生活在这样简陋而狭窄的屋子里，未必合你的身份。你应该搬到更加漂亮的地方去，这样才能使你更加体面和舒心。”

老太太才不会理会弗莱克的打扮是不是故意的，或者他的奉承话是不是真心的，但是她的确非常高兴。弗莱克接着和她谈论转卖土地的事情。这时候，老太太已经不像先前那样冷淡了，而且也不像弗莱克的员工所说的那样顽固。几天之后，老太太打电话给弗莱克，决定将她的土地卖给通用汽车公司。而她所提出的价钱，更是比弗莱克所预计的少了一半。

弗莱克用了什么高超的手段吗？没有。他只不过是营造了一种平和的、令对方愉悦的谈话环境。原来看起来好像不可能成功的事情，却因此而变得简单。

因此，尽量使对方以一种愉悦的心情跟你谈话，这样会使事情变得更加容易解决。

尽量使对方以愉悦的心情与你交谈

⊙让对方十分高兴地跟你谈话，这样会减少你谈话的阻力。

⊙不想让对方产生敌对的意识，最好的办法是让他感到愉悦，让他能够轻松地与你交谈，就像和一个老朋友聊天一样。

⊙不要让对方恼怒、气愤或者消沉，不要触犯对方。要让他感到你在跟他进行普通的交谈，而不是辩论。

⊙以一种宽容的态度面对对方的过失，不要伤害对方的自尊心。这是使对方愉悦的基本前提。

没有人乐意受人指使

俄克拉荷马州一家工程公司的安全检查员乔士得的工作是检查

工地上的工人是否戴了安全帽。一开始，当看到那些没有戴安全帽的工人时，他会立即批评这些工人，并且命令这些工人立刻戴上。但是这种方法收效甚微。工人当着他的面会戴上安全帽，但是当他走了以后，他们便会再把安全帽拿下来。

乔士得觉得自己的做法不合适，于是决定采用其他方式。当他看见没有戴安全帽的工人的时候，他就微笑着询问对方是不是觉得安全帽戴在头上不舒服、帽子的大小是不是不合适；然后他会对工人讲安全帽的重要性，建议他们为了自己的安全，最好把安全帽戴上。结果，这种做法收到了很好的效果。

工人们不喜欢听乔士得的指使，这是他原来那套做法失败的主要原因。而后来乔士得之所以成功地说服了那些工人，就是因为他没有再指使工人们。

无独有偶。一年夏天，我和一位朋友驱车前往法国的乡下旅行，结果却迷了路。我们只得把车子停下来，向一群当地人问路。

我的朋友是一位大大咧咧的人，他冲上前去，几乎吼着对他们说道（我在几十米外都能清楚地听到）：“喂，到 ×× 镇怎么走？”

几分钟后，那位朋友快快地走了回来，向我愤愤不平地埋怨这里的农民没有礼貌，一点儿都不热情。我当然知道是怎么回事，于是微笑着走向那群农民，然后脱下帽子客气地向他们说道：“我遇到了一个麻烦，需要你们帮一个忙。请问到 ×× 镇怎么走？”

结果我很快就得到了十分准确而详细的答案。他们显得很热情，回答得快速而有礼貌。等他们说完之后，我向他们表示了感谢，而他们也邀请我到他们的家里做客。我因为忙着赶路，因此答应下次有时间再去他们家。

我的那位朋友对我受到的欢迎表示很不理解。于是，我对他说：“没有人喜欢受人指使。”

当然，你可能会说这仅仅是礼貌的问题。不错，礼貌确实有一定的影响，但是这绝不仅仅是礼貌的问题。而且，正是那种没有礼貌的语气使得你好像在对别人发号施令一样。的确，没有人乐意听从别人的指使，没有人喜欢让别人告诉他应该怎么做，应该怎么想，这似乎是人的天性。

你在酒店里可能也会遇到这种情况。比如，你对服务员说：“去，给我打壶水！”这位服务员多半会回答你：“好的。”但是她却迟迟不会把水打来。你可以投诉她服务态度不好，但是这样对你自己并没有什么好处。你为什么不对她说：“我现在需要一壶水，你能给我打壶水来吗？”她一定会非常乐意为你服务的。而这样做，难道使你损失了什么吗？

当我们在说服一个人的时候，我们也经常像是在指使别人：“你应该这么做……”或者“你这么想才是对的……”我们经常使用的是命令或者强迫的语气，即使我们有时候并不具有那种权威。你应该让你的语气更加柔和和委婉一些。

当某些人犯了错误的时候，我们通常会以一种居高临下的姿态对他进行说教，指使他应该怎么做，而对方也很有可能会为了维护自己的尊严而不惜跟你争论。我们知道，在这种尖锐对峙的情况下，没有谁能够有办法说服对方。因此，最好的办法是维护对方的尊严，换一种方式指出他的错误，引导他应该怎么做。

沃德将军曾经担任过训练新兵的教官。一天，他驾着吉普车到新兵营去巡察，碰到一名士兵正领着女朋友在散步。那名士兵似乎没有看到他，而等他的车子经过的时候，那名士兵“碰巧”弯下腰来系鞋带。沃德知道是怎么一回事了，于是把那名不懂军规的士兵叫了过来。

“小伙子，”沃德说道，“难道你真的没有看到我吗？”

“看到了，将军。”那名士兵知道瞒不过去，只得承认。

“那么，你为什么不向我敬礼，而是装作在系鞋带没看到？”沃德问道。

士兵十分为难，没有办法回答。他看了看他的女朋友，苦着脸说：“将军，如果你是我，带着自己的女朋友在散步，你会怎么做？”

沃德被士兵逗乐了，笑着回答说：“我会跟她说：‘我想先给这个老家伙敬个礼，怎么样？’”

那名士兵听了之后，微笑着向沃德将军敬了一个礼。而沃德将军也不再说什么，回敬了一个礼，然后就开着车走了。

可以想象，如果沃德将军满脸怒气地对那位士兵说：“你刚才所做的是错误的，你应该向我敬礼！”那么，士兵虽然会照办，但是却会从此怀恨在心，因为沃德使他在女朋友面前丢了面子。而沃德将军并没有这么做，他巧妙地指出了士兵的错误，告诉他应该怎么做，而且顾及了士兵的面子。

我接着讲一个同样有关军人的故事。美国一个新兵营里最近接收了一批新兵。这些新兵有着坚强的毅力，这同样意味着他们不容易改变自己的一些习惯——包括那些坏习惯。教官发现，对这些文化程度较低的新兵并不适合讲大道理，当然，也不适合下命令强迫他们改变自己的不良习惯——那样的话他们会很暴躁地跟你对着干。教官们对此很伤脑筋，所以想了很多办法来改变他们，以使他们成为合格的军人，但是都收效甚微。总之，这些士兵倔强地认为，用不着别人来指使自己怎么做。

最后，教官们告诉士兵们，他们应该给家里寄一些信，以免家人挂念。教官们印发了一些信件，作为他们写信的参考。这些参考信件的内容大致是告诉家人他们已经在军队里养成了良好的生活习惯，以前的很多坏习惯都已经改正了，请家人不用担心。当他们把信写好寄出去之后，奇怪的事情发生了：这些很顽固的士兵慢慢地主动改掉了以前的坏习惯，一个个都变得精神焕发、讲卫生、守纪律了，最后都成了合格的军人。

你要记住，没有人乐意受人指使。在你打算说服别人的时候，不要用命令的语气告诉他应该怎么做，而应该换一种方式。

不要指使别人

⊙用建议或者商量的语气跟他人说话，这样才能使对方愿意做某件事情。

⊙说服他人的时候，不要强硬地指出别人应该怎么做，而应该让他自己意识到应该怎么做。

⊙不要针对某个人发表你的意见，如果你要说服他，需要针对的不是人，而是事。

⊙维护他人的自尊，维护他人那种自重的感觉，这将会使对方愿意听从你的意见。

说话不仅是为了表达自我，而是把话说到对方心里去。

会说话才是真本事　懂技巧才能真受益